# 期货交易
## 入门与速成

廖 彦 著

中国铁道出版社有限公司
CHINA RAILWAY PUBLISHING HOUSE CO., LTD.

图书在版编目(CIP)数据

期货交易入门与速成/廖彦著. —北京:中国铁道出版社有限公司,2024.6
ISBN 978-7-113-30870-4

Ⅰ.①期… Ⅱ.①廖… Ⅲ.①期货交易-基本知识
Ⅳ.①F830.9

中国国家版本馆 CIP 数据核字(2024)第 088282 号

| | |
|---|---|
| 书　　名 | 期货交易入门与速成<br>QIHUO JIAOYI RUMEN YU SUCHENG |
| 作　　者 | 廖　彦 |

责任编辑：张亚慧　　编辑部电话：(010)51873035　　电子邮箱：lampard@vip.163.com
封面设计：宿　萌
责任校对：安海燕
责任印制：赵星辰

| | |
|---|---|
| 出版发行 | 中国铁道出版社有限公司(100054,北京市西城区右安门西街 8 号) |
| 网　　址 | http://www.tdpress.com |
| 印　　刷 | 天津嘉恒印务有限公司 |
| 版　　次 | 2024 年 6 月第 1 版　2024 年 6 月第 1 次印刷 |
| 开　　本 | 710 mm×1 000 mm　1/16　印张：13　字数：180 千 |
| 书　　号 | ISBN 978-7-113-30870-4 |
| 定　　价 | 69.00 元 |

版权所有　侵权必究

凡购买铁道版图书,如有印制质量问题,请与本社读者服务部联系调换。电话：(010)51873174
打击盗版举报电话：(010)63549461

# 前　言

相对于股票交易而言，期货交易是一个不起眼儿的小众市场，偶尔会有一两条新闻，比如，"武汉某女炒豆油期货从 5 万元做到 2 000 万元""某某做棉花期货赚了几个亿"等，像一股旋风刮过。

我在 2008 年进入期货市场，没有具体理由，只是觉得这个行业会有大的发展空间。当时从事期货交易的同事有留学归来的，有 985 名校的，有大专的，总之各类人等都有参与进来。这十多年来，我不仅见证了这个行业的成长，也见证了很多人从小白蜕变成优秀的期货交易员的心路历程。常有朋友问：自己做期货怎么老是亏钱？自己到底适不适合再做下去？期货是普通人可以投资的吗？等等，类似声音不绝于耳。

根据我的从业经历及这么多年的市场"洗礼"，我总结出来一条非常重要的结论：期货是适于普通人投资的一个好工具。我写这本书的初衷是把期货交易的方式、方法、技巧、心得分享给大家，让大家运用好这个投资工具。

虽然市场上有很多期货方面的书籍，各有特点与侧重，但我觉得最好的期货交易书籍，应该是让那些对期货交易有兴趣的普通人能够看懂、容易学会的期货交易书籍。如果你花了很多时间和精力去研读，最后还是云里雾里，反而对交易的帮助不大。所以，我在写这本书的时候遵循的原则就是通俗易懂、深入浅出。

当然，简单并不代表肤浅，而是我多年经验的提炼，没有太多的招数来渲染，没有太多高深理论的探讨，只是将那些有用的知识写出来，那些没有实用价值的内容不过多介绍，更不会引经据典加以剖析，当然也就不会讲究词藻的华丽，甚至有些看法与百度搜索或是一些知名投资人的思想相左，因为我的原则是贴近读者，贴近真实的市场。毕竟天下"武功"不在于复杂难悟，而在于易学易懂、利于实战。勤而习之，他日能一招制敌，才不枉所学。

最后，希望本书能给期货交易爱好者带来一些新的思路，但也请牢记，任何投资都有风险，请谨慎操作，也希望广大读者能指出书中的不足，不胜感激，与大家共勉。

廖 彦

2024 年 3 月

# 目 录

## 第1章 了解期货 / 1

1.1 期货发展历史 / 2

1.2 期货市场的主要功能 / 3

1.3 期货与股票的区别 / 5

1.4 期货的分类 / 6

    1.4.1 金融期货 / 6

    1.4.2 商品期货 / 9

    1.4.3 期　权 / 24

1.5 了解期货合约 / 25

    1.5.1 股指期货合约 / 25

    1.5.2 商品期货合约 / 26

    1.5.3 期权合约 / 27

1.6 期货交易常识 / 29

    1.6.1 双向交易 / 29

    1.6.2 保证金杠杆交易 / 30

    1.6.3 交易成本 / 30

    1.6.4 期货术语解释 / 33

1.7 如何参与期货交易 / 37

    1.7.1 了解期货交易所、期货公司 / 37

    1.7.2 了解期货开户 / 40

  1.7.3　了解资金安全 / 44

  1.7.4　期货的银期签约流程 / 45

## 第 2 章　期货常用分析技术与指标解读 / 49

 2.1　道氏理论 / 50

 2.2　波浪理论 / 53

 2.3　江恩理论 / 55

 2.4　K 线 图 / 59

  2.4.1　影　　线 / 59

  2.4.2　光头光脚 K 线 / 61

  2.4.3　乌云盖顶 / 62

  2.4.4　旭日东升 / 64

  2.4.5　包线组合 / 65

  2.4.6　孕线组合 / 66

  2.4.7　插 入 线 / 70

  2.4.8　K 线跳空 / 73

  2.4.9　十 字 星 / 77

  2.4.10　红三兵和黑三兵 / 79

  2.4.11　两阳夹一阴 / 81

  2.4.12　两阴夹一阳 / 83

  2.4.13　上升三法和下降三法 / 84

  2.4.14　希望之星和黄昏之星 / 86

  2.4.15　经典的图形 / 89

 2.5　均线指标 / 94

 2.6　关键支撑与阻力 / 97

 2.7　趋　　势 / 99

2.7.1　上升趋势 / 99
2.7.2　下跌趋势 / 100
2.7.3　震　　荡 / 102
2.7.4　回调与反弹、反转的区分 / 103

2.8　技术指标实操体会 / 106
2.8.1　K 线图形的可靠性分析 / 107
2.8.2　均线指标可靠性分析 / 108

# 第 3 章　期货基本面分析方法 / 111

3.1　什么是期货基本面分析 / 112

3.2　期货基本面分析举例 / 112
3.2.1　大豆基本面分析 / 112
3.2.2　有色金属铜基本面分析 / 115

3.3　常用基本面分析数据 / 117
3.3.1　非农数据 / 117
3.3.2　采购经理人数据 / 118
3.3.3　美元指数 / 119

3.4　基本面消息是如何影响市场的 / 119

3.5　如何正确认识基本面数据在交易中的作用 / 121

# 第 4 章　期货交易入门 / 123

4.1　为什么期货交易这么难 / 124
4.1.1　交易到底是一条什么样的道路 / 124
4.1.2　到底要不要坚持下去 / 124

4.2　投资期货需要思考的问题 / 125
4.2.1　期货交易的本质是什么 / 125

4.2.2　交易有经典方法吗 / 126

4.2.3　什么是交易系统 / 127

4.2.4　什么是程序化交易 / 127

4.2.5　主观交易与程序化交易，谁更有效 / 128

4.2.6　什么是盘感 / 129

4.3　期货入门的基本功 / 130

4.3.1　学会控制资金和仓位 / 130

4.3.2　控制自己的手，只做看得懂的行情 / 131

# 第5章　期货实战技巧 / 133

5.1　判断行情 / 134

5.1.1　顺势而为是盈利王道 / 134

5.1.2　期货交易品种的选择 / 136

5.2　如何开仓 / 137

5.2.1　顺势开仓法 / 137

5.2.2　分割线开仓法 / 143

5.2.3　开仓的资金控制 / 147

5.2.4　开仓的技巧 / 148

5.2.5　条件单的设置 / 149

5.3　盈利的处理 / 151

5.3.1　关于止盈 / 151

5.3.2　盈亏比交易法可靠吗 / 151

5.3.3　盈利后可以加仓吗 / 155

5.3.4　利润可以"奔跑"吗 / 156

5.4　亏损如何处理 / 158

5.4.1　扛单可以战胜市场吗 / 158

5.4.2　频繁止损是为什么 / 160
　　　5.4.3　止损的实际操作 / 162
　5.5　交易时间的处理技巧 / 164
　　　5.5.1　期货交易中的时间杀手 / 164
　　　5.5.2　盘中的时间节点问题 / 166
　5.6　交易中不可忽视的交易所制度 / 167
　　　5.6.1　保证金制度 / 167
　　　5.6.2　涨跌停板制度 / 168
　5.7　期货的套期保值操作 / 169
　　　5.7.1　套期保值的实操（无基差） / 169
　　　5.7.2　套期保值的实操（有基差） / 172
　5.8　期货套利交易 / 173
　5.9　期货交易软件的使用 / 177

# 第 6 章　期权浅谈 / 179

　6.1　解读期权 / 180
　　　6.1.1　场内期权是什么 / 180
　　　6.1.2　场内期权的常用操作 / 183
　　　6.1.3　场外期权 / 184
　　　6.1.4　期权的套期保值案例 / 185
　6.2　期权的影响因素 / 187
　6.3　期权交易的优点 / 188

# 第 7 章　期货答疑 / 189

　7.1　我是否适合做期货交易 / 190
　7.2　成为一个期货交易员需要多久 / 191

7.3　短线交易好还是长线交易好 / 192

7.4　散户能在期货交易中赚钱吗 / 194

7.5　为什么盈利少、亏损多 / 195

7.6　为什么下单总是错的 / 196

第 1 章

# 了解期货

## 1.1 期货发展历史

期货的发展经历了初期发展、清理整顿和规范发展三个阶段。1988年5月,国务院决定把小麦、玉米、生猪作为期货试点品种,1990年10月12日,郑州粮食批发市场经国务院批准,以现货为基础,逐步引入期货交易机制。1992年10月,深圳有色金属期货交易所率先推出特级铝标准合约,至此,正式的期货交易开始。之后,各个期货交易所陆续成立,开始进行期货交易。期货交易发展初期,市场交易所的数量和交易品种迅速增加,开业的交易所有2 300多个会员,期货经纪公司有300多家,共有七大类50多个上市交易品种。

在发展初期,由于缺乏经验等,期货市场"野蛮"生长,风险不断积累,个别期货市场的会员经纪公司主体行为不规范、大户垄断、超仓借仓、操纵市场等违规行为突出,加上透支交易,致使部分期货经纪公司重自营、轻代理,有些行为投机性强,使广大投资者蒙受了巨大的损失,严重扭曲了期货价格,不能发挥期货对现货的套期保值和价格发现功能,加大了风险控制的难度,阻碍了期货市场的正常发展。

针对这种现象,国家对期货市场进行了多次整顿,1993年11月国务院下发了《关于坚决制止期货市场盲目发展的通知》,对我国期货市场立法、监管进行了规范,遏制了期货市场无序发展的势头,但连续出现的各种"事件"表明,期货市场的发展格局依旧混乱。在这种背景下,管理层决定再次整顿期货市场,在这一阶段,国务院确定证监会全面负责期货市场统一监管,同时完善了期货行业的立法,颁布了《期货交易管理暂行条例》及与之配套的四个管理条例,确立了中国期货市场的基本法律条例,使得期货行业从此有法可依。

除了监管和立法方面,各层面的监管也进一步加强。一系列的整改措施确实使期货市场的交易行为得到规范,但由于这两次整顿时间过长,使得整个行业信心受挫,期货市场的交易规模直线下降,一度达到历史最低点。

从2000年底开始,期货市场才开始有回暖迹象,伴随期货行业协会的成立,证监会及相关机构对于市场的监管力度逐渐由清理整顿转向恢复发展。与此同时,政府也出台了一系列政策帮助推动期货市场的发展。2004年发布的"国九条",官方首次将期货市场正式纳入我国的资本市场体系。

到目前为止,我国主要的五大期货交易所,包括郑州商品交易所、大连商品交易所、上海期货交易所、中国金融期货交易所和上海国际能源交易中心,期货品种70多个,涵盖了农产品期货、金融期货、能源化工期货和工业商品期货。如今,期货市场已经朝着有序、规范的方向发展,市场环境已焕然一新,是全球最活跃的期货市场,从业人员和参与交易者也逐年增加,期货行业大有可为。

## 1.2 期货市场的主要功能

期货市场有两大最基本的功能,第一个是期货的价格发现功能,第二个是期货的套期保值功能。

其中,期货的价格发现功能是指在一个公平、公正、高效、竞争的期货市场中,通过集中竞价形成期货价格的功能。期货价格具有预期性、连续性和权威性的特点,能够比较准确地反映出未来商品价格的变动趋势。期货市场之所以具有价格发现功能,是因为期货市场将众多供求因素的影响集中于交易所内,通过买卖双方公开竞价,集中转化成为一个统一的交易价格,这一价格一旦形成,立即向世界各地传播,并影响供求关系,从而形成新的价格,如此循环,使价格不断趋于合理。期货价格的发现功能使得期货价格与现货价格的基本走势一致,并逐渐趋同。

期货价格与现货价格的关系是世界各地的套期保值者和现货经营者都在利用期货价格衡量相关现货商品的长远期价格的发展趋势，利用期货价格传播的市场信息来制定各自经营的决策。这样，期货价格便成了世界各地现货成交价格的基础。虽然期货价格并非时刻都能准确地反映市场的供求关系，但它却是克服了分散的、局部的市场价格在时间和空间上的局限性，具有公开性、连续性和预期性的特点。可概括为：它比较真实地反映了一定时期、世界范围内供求关系影响下的商品或金融工具的价格水平。当然，价格发现并不意味着期货价格必然等于未来的现货价格，多数研究表明，期货价格不等于未来现货价格才是常态。理论上，期货价格要反映现货的持有成本，受资金成本、仓储费用、现货持有便利等因素的影响，即使现货价格不变，期货价格也会与之存在差异。

期货套期保值是指以回避价格风险为目的的期货交易行为。它有两种基本形式：买入套保和卖出保值。两者都是以保值者在期货市场上买卖方向来区分的。买入套期保值是指交易者先在期货市场买入期货，以便将来买进现货时因不适应价格上涨而给自己造成经济损失的一种套保方式。这种用期货市场盈利对冲现货市场亏损的做法，可以将远期价格固定在预期的水平，买入套期保值是需要现货商品而又担心价格上涨的客户常用的套保方法。卖出保值是指交易者先在期货市场上卖出期货，当现货价格下跌时，以期货市场的盈利来弥补现货市场的损失，从而达到保值目的的一种套保方式。卖出保值主要适用于那些拥有商品的生产者或者贸易商，因为他们担心商品价格下跌使自己遭受损失。

套期保值之所以能够回避价格风险，达到套期保值的目的，是因为期货市场上存在如下经济规律：

第一种规律是商品的期货价格走势与现货的价格走势基本一致。

现货市场与期货市场虽是两个各自独立的市场，但是由于特定商品的期货价格和现货价格受到经济因素的影响是一致的，因此，在一般情况下，两个市场的价格变动趋势相同。套期保值是指交易者在实物市场对一类商品进行买进或卖出的操作的同时，在期货市场做相反方向交易的行为，达到在一个市场亏损的同时在另一个市场盈利的效果，目的是锁定利润。

第二种经济规律是现货市场与期货市场的价格随着期货合约到期日的临近，存在两者价格趋同的趋势。

期货交易的交割制度保证了现货市场价格与期货市场价格随期货合约到期日的临近而逐渐接近，最终合二为一。期货交易规定，合约到期时必须进行实物交割或差价结算，到交割时，如果期货价格与现货价格不同，比如期货价格高于现货价格，那么便会有套利空间，套利者买入低价现货，卖出高价期货，在低风险的情况下实现盈利。这种套利交易最终使得期货价格与现货价格趋于相同。正是这种经济原理的作用，使得套期保值能够为商品生产、经营者最大限度地降低风险，保障生产经营活动的稳定进行。

## 1.3 期货与股票的区别

期货与股票的区别主要体现在交易标的、品种数量、做空机制和交易时间方面。具体如下：

我们习惯性的想法是有货，才能交易，这是现货思维的交易。但期货的买卖行为是没有商品的，交易的是商品期货合约。同时，期货交易是可以买空卖空的。买涨，当行情涨时赚钱。卖空，当行情跌时赚钱。而股票是上市公司为筹集资金发行的有价证券，其交易的对象亦是有价证券。

期货的品种有几十个，但股票的品种却有2 000多种，即可交易的标的数量不一样。期货是T+0交易，即当天可以买和卖，可以平仓，可以买进卖出。股票是T+1交易，即今天买入的股票必须等到第二天才能平仓。

期货可以买空卖空，是双向交易；但股票做空却是有条件的，除了通过股指期货和融券做空，通常不允许做空，没有面向普通投资者的做空机制。

股票的交易时间没有限制，只要股票不退市，投资者可以长期持有；但期货合约有到期日，交易者必须在到期日之前退出交易，或者换成其他合约，否则就要进行实物交割。

## 1.4 期货的分类

期货按标的属性可以分为金融期货与商品期货两大类，下面为大家详细讲解。

### 1.4.1 金融期货

金融期货是指以金融工具作为买卖标的的期货合约。金融期货与商品期货相比，区别在于合约的标的物不是实物商品而是金融商品。比如外汇、股票指数等。目前，我国国内期货市场交易的金融期货主要是指股指、股票、指数期货，如沪深300、中证500等。外汇期货目前暂时还没有推出。

金融期货品种主要分为四类：沪深300股指期货、上证50股指期货、中证500股指期货和国债期货。

**1. 沪深300股指期货**

沪深300股指期货是以沪深300指数作为标的期货品种，由中证指数公司编制，以2004年12月31日为基日，基日点位为1 000点，于2005年4月8日正式发布，在2010年4月16日由中国金融交易所推出。

沪深300指数是由上海和深圳证券市场选出300只A股作为样本（选择标准为规模大、流动性好的股票），其中，沪市179只、深市121只，样本覆盖了沪深市场六成左右的市值,具有良好的市场代表性。

沪深300指数前15只成分股依次为:招商银行、民生银行、宝钢股份、长江电力、万科A、中国联通、贵州茅台、中国石化、五粮液、振华港机、上海机场、中国银行、深发展A、浦发银行、中信通讯。

**2. 上证50股指期货**

上证50股指期货是以上证50指数作为标的物的期货品种,由上海证券交易所编制和发布,在2015年4月16日由中国金融期货交易所推出。它的指数期货合约标的为上海证券交易所编制和发布的上证50指数。

上证50指数是根据科学客观的方法,挑选上海证券市场规模大、流动性好的具有代表性的50只股票组成的样本股,以综合反映上海证券市场最具影响力的一批龙头企业的整体状况,其目的是建立一个成交活跃、规模较大、主要作为衍生金融工具基础的投资指数。从上证50的成分股情况来看,上证50成分股都是优质蓝筹股的突出代表,整体上较上证180成分股具有更好的流动性,并且能够更准确地反映优质大盘蓝筹股的市场表现。由于50只成分股的个股市场表现差异较大,因此,通常作为反映主流机构持仓的风向标。

**3. 中证500股指期货**

中证500股指期货是以中证500指数作为标的的期货品种,在2015年4月16日由中国金融期货交易所推出。

中证500指数是挑选沪深证券市场中具有代表性的中小市值公司组成的样本,以综合反映沪深证券市场内中小市值公司的整体状况,其样本空间内股票是扣除沪深300指数样本及最近一年日均总市值排名前300名的股票,剩余股票按照最近一年的日均成交金额由高到低排名,剔除排名后20%的股票,将剩余股票按照日均市值由高到低进行排名,选出排名在前500名的股票作为中证500的指数样本股,综合反映中国IPO市场中一批中小市值公司的股票价格表现。

中证500指数的基日为2004年12月31日,基点是1 000点。它反映的是我国国内股票市场中等市值公司的整体情况,与沪深 300 指数互补和对应。中证 500 的成分股包括沪市 246 只、创业板 11 只、中小板 133 只、深圳主板 110 只,这 500 只中小市值上市公司,总市值为 5.4 万亿元,占全市场市值的 15%。中证 500 板块有公司数量多、单个公司市值小、行业覆盖面广的特点。

中证 500 股指期货的推出可以完善其成分股股票风险管理机制,提高风险管理的针对性,降低利用沪深 300 股指期货对冲中小盘市值股票的结构性问题,提高资本市场的运行效益。

**4. 国债期货**

国债期货作为利率期货的一个主要品种,是指买卖双方通过有组织的交易场所,约定在未来特定的时间按预先确定的价格和数量进行券款交割的国债交易方式。在国内主要有两年国债期货、五年国债期货和十年国债期货三大类。国债期货具有规避利率风险、价格发行、促进国债发行和优化资产配置的功能。其特点是可以主动规避利率风险,交易成本低、流动性高、信用风险小。

值得注意的是,国债期货与其他期货合约有所不同,其设计采用了国际上通用的名义标准券概念。所谓名义标准券,是指票面利率标准化、具有固定期限的假想券,它的最大功能在于扩大交割国债的范围,增强价格的可操作性,减少交割时的逼仓风险。由于可交割债券和名义债券之间价格的换算是通过一个转换的比例进行,因而现实中存在满足一定期限要求的国债均可进行交割。

影响国债期货的重要因素来自两个方面:一是宏观经济,它是国债期货的基本面,如经济状况、通货膨胀、宏观政策、宏观流动性等均会对国债期货的市场运行产生影响。二是国债的供给和需求及现券市场的情况,会影响国债期货的走势。理论上,国家经济萧条,市场具有货币宽松政策预期,利率走低需求上升,国债期货走高。当国家经济过热,通胀过高,市场具有货币紧缩预期,货币供应下降,为抑制市场需求,利率走高，国债期货下行。

## 1.4.2 商品期货

商品期货是指标的为实物商品的期货合约。在国内，期货交易中绝大多数品种都是商品期货，如上海期货交易所的铜、铝、锌，大连商品交易所的大豆、玉米，郑州商品交易所的棉花、菜籽油等。目前国内上市的商品期货品种有 70 多个，下面介绍部分品种，方便大家掌握其基本资料，为交易分析奠定基础。

**1. 农产品品种**

【豆粕】

豆粕是大豆经过榨油后得到的一种副产品，其在油粕饲料产品中产量最大、用途最广，同时还是一种高蛋白的原料，在我国主要用作牲畜及家禽饲料，也可制作糕点、食品及化妆品。不过，豆粕的存储期比较短，容易变质，一般存储时间为 3～4 个月，尤其在高温多雨的夏季，如果保管不当，容易变质。江苏、广西、天津地区是豆粕的主要产区，广东是我国最大的豆粕消费区，山东是第二大豆粕消费区。

豆粕的期货价格因素与大豆有密切的正相关关系，大豆的供应、压榨水平、压榨利润都会影响豆粕的价格，其中企业压榨利润与短期的豆粕供应呈正相关关系。养殖业对豆粕也有重要影响。比如，在生猪的饲养中，由于生猪生长周期较长，从猪崽儿到成猪的时间大约是 8 个月，在深秋的育肥阶段，对豆粕的消费集中放大，需求迅速扩张。另外，国内水产养殖主要集中在南方，通常在 6 月份以后，南方水产养殖集中投放鱼苗，会扩大对豆粕的需求。可见，豆粕消费的高峰期通常在每年的 7—9 月，这个阶段豆粕的价格相比其他时间段往往要高。

不过豆粕有一些替代品，比如菜籽粕、棉粕，它们与豆粕的价格呈负相关关系。如果豆粕的价格高企，那么，饲料企业会考虑增加使用菜籽粕等替代品。此外，玉米与豆粕也存在着天然的替代关系，玉米和豆粕都是饲料的主要来源，玉米主要用于能量类饲料，豆粕主要用于蛋白饲料，豆粕与玉米的相互补充关系，决定了两者的价格运行趋同，价格呈正相关。

【棕榈油】

棕榈油是一种食用植物油，由棕榈果榨取得到。油棕树是世界上生产效率最高的产油植物，主要生长在马来西亚，因此，马来西亚是全球最大的棕榈油出口国，中国和印度是最主要的棕榈油进口国。由于我国棕榈油消费完全依靠进口，所以，国内的棕榈油期货合约受外盘的影响较大。影响棕榈油价格的主要因素是国内市场对棕榈油的需求量。棕榈油主要被广泛用于烹饪和食品制造，当作食用松脆油和人造奶油来使用，因为能适应炎热的气候，所以成为糕点和面包的优质配料，深受食品制造业的喜爱。

东南亚地区的气候、地质灾害及政治局势、出口国政策变化都会对棕榈油的价格造成巨大的影响。

【鸡蛋】

我国是鸡蛋生产和消费大国，但贸易量偏少。表现在虽然产量一直位居世界首位，占世界总产量的40%，但出口量仅占总产量的0.5%，鸡蛋生产大国与贸易大国地位极不相称。近几年，我国鸡蛋产品出口规模不断扩大，而且这一趋势将成为未来市场发展的方向。

鸡蛋价格具有鲜明的季节性特点，从鸡蛋全年价格走势来看，九月份受高温天气影响，鸡蛋产量有所下降，库存水平低，供应受到限制，但因临近中秋和开学季，导致消费增加，因此，九月份鸡蛋单价往往是年内最高的。目前中国的养殖业处在从零散向生产规模化、标准化转型的关键期，其市场价格信息缺少，养殖户宏观判断能力不足，导致鸡蛋价格波动较大，影响着行业的经营稳定性。

鸡蛋期货价格的影响因素包括五个方面：一是宏观环境的影响。宏观环境及国家政策的调整及农产品收储等政策均会对鸡蛋价格产生直接和间接的影响。二是鸡蛋产量的变动。生产规模的变化及生产的季节性特点，会影响到鸡蛋的供给，从而影响鸡蛋的价格。三是鸡蛋的需求端变化会影响供求关系，从而影响鸡蛋的价格，比如人口数量变化、地区经济的发展速度。四是鸡蛋成本因素，包括饲料成本、小鸡费及其他成本，其中，饲料成本和小鸡费占总成本的70%以上。五是天气的变化会影响鸡蛋的运输情况，进而直接影响鸡蛋的价格。比如国际油价波动影响运输成本，进一步对鸡蛋价格产生影响；炎热的天气会影响到鸡蛋的质量，从而增加运输途中的坏蛋率等。

**【白糖】**

白糖是天然的调味剂，人类生活的必需品，同时也是饮料、糖果、糕点等含糖食品和制药工业中不可缺少的原料。白糖是食糖的一种，其蔗糖含量在95%以上，生产白糖的原料主要是甘蔗，其次是甜菜，品质上两者没有什么差别。

其中，甘蔗适宜种植在热带和亚热带，整个生长发育过程需要较高的温度和充沛的雨量，甜菜生长于温带地区。从全球来看，利用甘蔗生产食糖的数量远大于甜菜，两者的比例大致为7∶1。食品饮料工业和民用消费量最大的是白砂糖，我国生产的一级以上等级的白砂糖占我国食糖总生产量的90%以上。食品工业发展促进了食糖消费量的增长，主要包括糖果、糕点、罐头、果汁等。白糖主要出口国家是巴西、印度、泰国，其产量和供应量对其他国家市场的影响较大，特别是巴西作为世界糖市场最具影响力竞争力的产能国，其每年的糖产量、货币汇率及政府的糖业政策直接影响国际食糖市场价格的变化和走向。白糖消费量最大的国家或地区包括印度、欧盟、中国、中东等，从近几年消费的情况来看，食糖消费基本随着人口的增长小幅上升。而我国食糖处于供不应求的状况，进口食糖以原糖为主，食糖进口仍然实行配额管理。

期货白糖的价格影响因素有以下几个。

一是白糖的库存。在一定时期内一种商品的库存的高低直接决定了该商品供需情况的变化，一般在库存水平提高的时候供给宽松，在库存水平降低的时候供给紧张。在我国，每年的十月到次年的四月为甘蔗集中的压榨时间，白糖集中上市，供给充足，价格走低。随着时间的推移和不断的消费，白糖的库存量越来越少，价格慢慢提高。在一年中，春节和中秋节是我国白糖消耗量大的节日，两个节日的前夕，由于食品行业的大量用糖，使糖的消费进入高峰期，糖价升高。春节和中秋节之后的一段时间，白糖消费量降低，糖价回落。

二是食糖作为农副产品，无论现货价格还是期货价格，都会受到气候与天气因素的影响，比如干旱、台风、霜冻等，会不同程度地影响到甘蔗的生长。在实际中，除了我国气候和天气外，还应关注全球食糖主要生产国的气候和天气变化。

三是白糖生产具有季节性，一是糖源种植，具有自然的周期生长规律，甘蔗种植一次，树根可以生长三年。周期性出现的自然灾害也会导致糖源生产周期性的变化。

四是糖源种植大幅减产或增产会导致白糖价格大幅涨跌，从而影响第二年的播种面积。

五是宏观政策因素，包括产区政府实行甘蔗收购价与食糖销售价挂钩，建有中央和地方两级食糖储备，配额类食糖进口受到国家的管理。目前，我国糖业管理的政府部门主要为国家发改委、商务部及中国糖业协会等。

六是糖的替代品。甜味剂是食糖主要的替代品，对白糖的供给价格有一定的影响。

七是中国是世界上主要的食糖生产、消费和进口国之一，国内的食糖现货价格同国际食糖价格相关性很强，国内食糖期货价格与国际食糖价格在变动趋势上具有趋同性。经济活动的波动周期会影响所有的经济部门，受此影响，白糖的价格也会出现相应的波动，从宏观进行分析，经济周期也是白糖期货价格影响的重要因素之一。

**【生猪】**

生猪是对未宰杀除种猪以外家猪的统称。目前全球种猪有五大品种，其中长白猪、大约克夏猪、杜洛克猪三个品种的养殖最为广泛。国内的种猪主要分为宁乡猪、太湖猪、香猪和东北民猪。从全球来看，欧盟是猪肉出口量最大的地区，其次是美国，之后是加拿大、巴西。其中，中国是猪肉进口量最大的国家，是全世界最大的猪肉消费国，其次是日本，之后是墨西哥、韩国。全球猪肉消费与供给走势较为一致。

生猪的期货价格主要受以下因素影响：

一是猪周期。猪周期在生猪的行情研究中具有重要作用，一般体现为3～4年的规律。猪周期最核心的指标是能繁殖母猪存栏数，若其出现大幅波动，则猪价会启动下一轮周期，并结合年内季节性小周期进行波动。

二是季节性。我国猪肉产量和消费呈现明显的季节性波动。供给方面，二季度为低点，三季度逐步增加，四季度为高点，一季度高位回落。消费方面，每年11月到次年1月是猪肉全年消费最旺的时间，春节后的三到四个月为消费淡季，猪肉消费从八月开始回暖，销量环比回升，环比涨幅最高值在12月。

三是成本。养殖成本包括猪崽儿费用、饲料费用、兽药费用和人工费用等，不同的养殖方式，其成本存在一定的差异性。目前自养自繁的猪崽儿费用按照母猪摊销计算，一般会低于外购猪崽儿的成本，规模企业的人工及其他费用高于散养户。过去十多年，我国生猪养殖发生过四次影响范围较大的猪瘟，分别是2007—2008年的蓝耳病，2010年的口蹄疫，2010—2011年的猪流行性腹泻，2018年7月的非洲猪瘟。疫情的发生与传播，导致当年生猪供应快速大幅下降，从而引起猪价快速上涨。猪肉消费在我国居民饮食结构中占有举足轻重的地位，过去十多年，随着我国经济的快速发展，居民可支配收入增长提升了人均猪肉消费量，同时，城乡一体化的推进，加速了农村地区猪肉的消费量。随着饮食结构的变化，我国动物蛋白呈现多元化的趋势，禽肉、禽蛋、牛羊肉的消费水平稳步增加，猪肉消费的占比有所下降。

**2. 能源化工品种**

**【原油】**

世界石油工业诞生有 150 多年的历史了。随着国际油价的剧烈波动，市场产生了规避价格风险的强烈需求，在这样的背景下，国际石油期货市场逐渐发展起来。从总体上看，世界石油资源的分布极不平衡，其中 3/4 集中在东半球，西半球占 1/4。从纬度分布来看，主要集中在北纬 20 度到 40 度和北纬 50 度到 70 度这两个纬度带。波斯湾及墨西哥湾两大油区和北非油田处于北纬 20 度到 40 度内，该纬度带集中了世界上 50% 的石油储量。北海油田、俄罗斯伏尔加及西伯利亚油田和阿拉斯加湾油区，主要分布在北纬 50 度到 70 度纬度带。从地区来看，中东地区储量占全球储量的 47%。世界石油的生产和消费总体呈现逐年增长的趋势。从石油的消费来看，消费量最多的五个国家分别为美国、中国、印度、日本、沙特阿拉伯，占全世界石油消费量的 40%。美国是世界第一大石油消费国。目前，国际上具有影响力的原油期货交易中心为芝加哥商品交易所、纽约商业交易所及洲际交易所。其他国家上市的原油期货合约影响力较小。我国的原油生产主要集中在东北、西北、华北、山东和渤海湾等地。我国是世界第八大产油国，世界第二大石油消费国。1993 年，我国成为石油产品进口国，1996 年成为原油进口国，且原油进口量逐年攀升。

原油期货价格与现货价格运动的方向基本一致，而且两者的价格变动幅度非常接近。原油作为商品，与其他的商品一样，其价格也是由供需关系决定的，但是原油不是一般的商品，它是重要的战略物资，是一种特殊商品，在很大程度上受到国际政治、经济、外交和军事的影响。石油库存是石油供需关系的"晴雨表"，分为一般性商业库存和国家战略储备库存。商业库存的主要目的是保证石油在出现季节性波动的情况下企业能够高效运作，同时防止潜在的原油供给不畅。国家战略储备主要是应付石油危机。美国能源部信息署每周三 22:30 会发布美国原油上周库存数据，这一指标可以成为国际石油市场的温度计,是原油期货参与者的重要参考指标。首先,突发事件和重大的政治事件在短期内对油价的推动具有明显的影响。其次,石油供应是影响油价的另一个重要因素。在石油供应中,欧佩克扮演着重要的角色,其他石油生产国由于受到生产能力的限制,决定了欧佩克在国际石油供应市场中的举足轻重的地位,它能在短时间内改变市场供求格局,从而改变人们对石油价格走势的预期。但为了不让油价太过失衡,国际能源署26个成员国共同控制着大量石油库存,以应付紧急情况。最后气候变化异常也会引起原油价格的短期变化,欧美许多国家都是用石油做取暖的燃料,异常的天气会对石油生产设施造成破坏,导致中断,从而影响油价。国际原油以美元标价,美元结算,美元汇率的变动对国际石油价格会产生直接的影响。美元贬值,油价上升;美元升值,油价下跌。

**【纸浆】**

纸浆期货的品种是漂针浆,主要用途是生活用纸和文化用纸,工业需求主要是混合浆,纸浆在我国的进口需求达到99%,第一大进口国是加拿大。这些木浆原料包括马尾松、落叶松、红松、银杉等树种,主要分布在加拿大、北欧、俄罗斯、智利等高纬度和高山地区。阔叶浆的原料为黄木、杨木、椴木、桉木、枫木等树种,多分布在巴西、印度尼西亚和北美地区。上述原料我国国内有一定的林业资源分布,但仍需大量进口。根据中国造纸工业数据,2017年我国纸浆总产量为7 900万吨,而纸浆消耗为一亿吨,缺口高达20%,需要通过进口来弥补缺口。

国内纸浆高度依赖进口的特性决定了其价格的波动主要受海外供给和海外价格的影响。此外,国内整体的需求、库存及运费、汇率也是影响纸浆价格的重要因素。国内需求推升和海运价格的提升将导致纸浆在我国国内价格上行,同时影响海外定价。一些气候因素,比如森林大火也会影响纸浆的价格。政策因素,比如供给侧改革导致的供应问题等也会影响纸浆的价格。相关替代品因素,比如塑料制品相关的替代品,也同样是影响纸浆价格的因素之一。

**【PVC】**

PVC 聚氯乙烯是我国重要的有机合成材料，其产品具有良好的物理性能和化学性能，广泛用于工业、建筑、农业、日常生活、包装电力、公用事业等，从世界范围来看，PVC 的消费量仅次于聚乙烯，在五大通用树脂中排第二。在中国 PVC 的消费量居五大通用树脂之首。从生产工艺路线来看，中国和极少数国家以电石法工艺路线生产，绝大部分国家采用石油天然气路线生产，因此，成本和市场价格不尽相同。随着我国国内经济的快速发展，我国的 PVC 生产和消费急剧膨胀，目前我国已成为世界上最大的 PVC 生产国和消费国。我国 PVC 产能分布的情况是，华北、华东、华中、西北及西南地区的产能相对较大，自给率逐年提高，截至 2008 年，我国 PVC 的进口量呈逐年下降趋势。在我国，电石法和乙烯法两种生产工艺并存，导致影响产业链各环节的因素众多，如煤炭、原油和电石等原材料价格频繁波动，就会让 PVC 价格在短期内频繁且剧烈波动，直接影响 PVC 的期货价格。

PVC 的期货价格主要影响因素有供需状况的变化，即生产和需求淡旺季的影响。原材料的变化，包括电、石价格的高低。同时，原油是 PVC 的主要原料之一，原油制成石脑油，石脑油制成乙烯，乙烯制成氯乙烯，氯乙烯制成 PVC，如果油价相对稳定，小幅波动对 PVC 的期货价格影响不大，如果油价波动大则会带动 PVC 期货价格大幅震荡。但是对 PVC 价格的影响主要取决于乙烯、氯乙烯的成本。

**【尿素】**

尿素是白色或微黄色结晶颗粒，无臭无味，稍有清凉感，是我国最主要的化肥产品。我国尿素生产技术成熟，质量稳定，产品同质性强，不同企业、不同装置、不同原料生产的尿素品质基本上差别不大。尿素根据用途可以分为农业用和工业用，由于我国是农业生产大国，化肥是与农产品紧密相关的生产资料，因此，农业用尿素占比达到 70%，被称为"粮食的粮食"。

化肥主要包括氮肥、磷肥和钾肥，尿素是最常用的氮肥，也是最大的化肥品种，占化肥总产量的40%。我国尿素的生产原料主要以煤和天然气为主。尿素农用一般用作肥料，属于中性速效肥料，可直接施用，主要以玉米、水稻等大田农作物为主，工业需求主要用于复合肥，可以和磷肥、钾肥加工成复合肥，再用于农作物。此外，尿素也可作为饲料添加剂，而且在医药、化妆品中也有利用。我国是世界第一大尿素生产国，尿素的产地主要集中在华北、西北、华东及西南地区，主要分布在河南省、山东省、山西省、新疆维吾尔自治区、内蒙古自治区等，占我国尿素产量的80%。我国也是世界上最大的尿素消费国，近年来，我国尿素工业消费保持快速增长，农业消费趋于稳定，主要集中在黄河中下游、长江中下游的农业生产地区。

以前，我国尿素价格主要以政府指导为主，市场调节为辅。现在，为充分发挥市场配置资源和基础性作用，促进化肥行业持续健康发展，我国国内尿素价格已经完成从计划到市场的转变，主要由供求关系确定，市场确定机制已基本形成。同时，尿素价格还会受到粮食产品周期性、季节性、地区性等供需矛盾的影响，受原材料成本、供需结构变化、经济运行周期、国际市场变动等多重因素的影响，波动较频繁。此外，国家政策环境也会影响尿素价格，长久以来，包括尿素在内的化肥产品一直得到铁路部门运输的优惠，而且我国还长期对生产能力在30万吨以下的氮肥、磷肥、钾肥、复合肥生产企业执行中、小化肥企业优惠电价。

【纯碱】

纯碱又名苏打，属于盐，常温下为白色无味的粉末和颗粒，有吸水性，是重要的基础化工原料，主要用于建材、平板玻璃、日用玻璃和氧化铝等行业。纯碱根据用途不同可分为工业纯碱和食用纯碱。全球纯碱产能主要集中在东北亚、北美及欧洲区域，其中，中国是最大的纯碱生产国，产能占到全球纯碱总产量的40%左右。美国、土耳其的纯碱生产以天然碱为主，成本优势明显，而我国国内的天然碱占比仅为5%，我国国内的纯碱产能主要分布在华北、华中、华东地区。

我国不仅是最大的纯碱生产国,还是世界第一大纯碱消费国,随着我国经济的发展,我国纯碱的消费量整体呈现递增趋势。在纯碱应用领域,我国小部分的纯碱用于食品行业,属食用纯碱;90%的纯碱用于工业生产的辅助原料,属于工业用纯碱。在工业生产中,纯碱广泛运用在平板玻璃、日用玻璃和氧化铝等领域,其中平板玻璃的下游行业,是纯碱最主要的消费领域。纯碱的生产成本中,原盐、燃料成本占到了70%以上,由于原盐市场价格长期保持低位,故而原盐价格波动对纯碱的生产造成的影响有限。煤炭在纯碱生产成本中的比例占到了30%~40%。因此,煤炭价格对纯碱企业的生产成本有较大的影响,煤炭价格的上涨会进一步推高纯碱的价格。此外,纯碱的价格还受到行业的供给与需求的变化影响。纯碱行业的供给和需求是由纯碱及其下游行业的产能和开工率决定的。尤其在供给方面,近年受环保政策因素影响,纯碱企业停车检修、改造升级等情况逐渐增加,供应出现紧张局面。最后,电价政策、运输政策及税收政策也会对纯碱的价格产生影响。

**【甲醇】**

甲醇是一种重要的有机化工原料,应用广泛,可用于生产甲醛、二甲醚、醋酸等一系列化工产品。此外,甲醇还是优良的能源和车用燃料,可以加入汽油中或代替汽油作为动力燃料。再者,甲醇也可以用作饲料添加。由于国际甲醇生产装置中90%以上采用天然气做燃料,因而天然气价格的波动必影响国际甲醇价格的波动。同时,由于天然气、煤炭均是甲醇的重要原料,而天然气、煤炭与原油等基础性能源又是国际能源价格变动的风向标,因此,油价的变动也对甲醇的价格有着重要的影响。我国在未来会进一步增加甲醇及其下游产品的需求,我国的甲醇生产以煤炭为主导,天然气次之。与国外相比,我国的甲醇生产装置分散化、小型化,以年产50万吨以下为主,约占总产量的40%。由于规模小、产能低,又多以煤炭为原料,使得我国甲醇整体的生产成本偏高。

我国虽然是甲醇生产大国，但由于甲醇消费的逐渐增长，使得我国对进口的依赖逐年加大，故而进口甲醇价格对国内市场的影响较大。同时，由于甲醇装置的日趋大型化，年产百万吨级的装置已经投入运行，这些大型装置一旦检修或者意外停车，会影响整体市场供应，引起价格波动。同时，甲醇的库存水平也会影响甲醇价格的高低，库存水平较低，价格走高，库存水平较高，则价格走低。

**3. 有色金属品种**

**【黄金】**

黄金是存在于自然界中且无法人工合成的天然产物，在自然界中存量较少，采集难度高，花费的劳动量大。比如纯金，体积小，重量轻，便于携带，具有良好的物理属性和稳定的化学性质。同时，黄金具有商品、货币和金融属性，是资产的象征。黄金价格不仅受到商品供求关系的影响，对经济、政治的变动也非常敏感。此外，石油危机、金融危机也会引起黄金价格的暴涨或暴跌。

近30年来，黄金价格波动剧烈，原因是20世纪70年代布雷顿森林体系瓦解，不再承诺美元可兑换黄金，使金价彻底和美元脱钩，并开始自由波动。由于黄金具有国际储备功能，其中，黄金的官方储备占有相当大的比例，故而国际上黄金官方储备的变化将直接引起黄金价格的变动。

加之世界主要石油现货与期货市场的价格都以美元标价，故而石油价格的涨落反映了美元汇率的变化，而黄金价格与美元汇率又存在深度的联运关系，这样，石油价格与黄金价格便存在间接影响的关系（国际黄金价格与原油期货价格的涨跌存在正相关的时间比较多）。在动荡和战争的环境下，大量投资者会转向黄金的保值投资来寻求避险，刺激金价上扬。黄金的需求主要在首饰业和工业消费，世界经济的发展决定了黄金的总需求。

**【白银】**

白银作为贵金属的一种，是多个领域的重要原材料，如工业、摄影业等。白银同黄金一样具有商品属性和金融属性，也是资产的象征。影响黄金价格的因素也会直接或间接地影响白银的价格，如供求关系、国际地缘政治、欧美主要国家的利率和货币政策、通货膨胀及国际基金的持仓、投资者的心理预期等。这些因素相互作用，对白银价格产生着重要影响。其中，供求关系是影响白银走势的最主要因素之一，通常供大于求，价格下跌，供不应求，价格上涨；而价格波动又反过来影响供求关系。同时，白银作为避险资产，其需求量与经济形势同步。经济增长时，白银需求增长从而带动银价上涨，经济萧条时白银需求萎缩，促使银价下跌。国际上白银交易一般以美元计价，目前几种主要国际货币实行浮动汇率，美元对主要货币汇率的变化将导致白银价格短期内出现波动，但不会改变白银市场大趋势。

白银和黄金在历史上都曾作为货币使用，二者具有相似的金融属性，因此，白银价格与黄金价格在一定程度上具有正相关性，趋势一致，通常白银价格的波动比黄金价格波动更剧烈。近年来基金参与商品期货的交易程度大幅提高，对白银价格的波动也起到了推动作用。基金具有信息及技术上的优势，在一定程度上具有前瞻性，随着白银市场交易量的增加，有助于判断白银价格走势。最后，进出口政策会影响白银供求关系，进而直接影响白银的进出口量，从而对国内市场的供应及价格产生影响。

**【铝】**

全球已探明的铝土矿储量在十亿吨级别以上的国家有几内亚、澳大利亚、巴西、中国、牙买加及印度。这些国家铝土矿总储量占全球的七成左右，其中，澳大利亚、几内亚、巴西等国铝土矿品质较好，储量大，开采成本低。我国是世界主要铝土矿储量国，近年来，我国持续成为铝产业链产销第一大国。目前，非洲、大洋洲、东南亚均是我国铝土矿进口的主要来源地，而非洲几内亚地区占比又较高。

电解铝的生产过程先是将铝土矿变成氧化铝，再变成电解铝。由于从进口铝土矿生产氧化铝的运费占比相对较高，致使越来越多的铝企将氧化铝厂直接搬到海外铝土矿产地，因此，未来我国铝资源需求将从进口铝土矿逐步转向进口海外氧化铝成品为主。

国内铝产品按照市场用途分为三类：一是加工材料，二是铸造铝合金，三是日常生活用的各类铝制品——广泛应用于建筑业、交通运输业和包装业。这三大行业的铝消费占了铝材总消费量的60%左右。市场的供求关系直接影响着铝的市场定价，当市场供求关系处于暂时平衡时，铝的市场价格会在一个窄小的区间波动；当供求关系处于失衡时，铝价会大幅波动。

在期货市场上，投资者可以关注铝供求关系变化的一个指标——库存，它可以分为报告库存和非报告库存，报告库存是指期货交易所公布的指定交割仓库里的库存数，非报告库存是指全球范围内的生产商、贸易商和消费者手中持有铝的数量。同时，电价是影响铝材价格的重要因素，电解铝产业又称为"电老虎"行业，假如电价每下调0.1元一度，对应的每一吨铝成本降幅大约在400元。因此，电价微小的波动便会对电解铝的生产成本带来很大的影响。

铝是目前使用非常广泛的有色金属品种，铝的消费与经济的发展高度相关，一个国家或地区经济发展较快时，铝消费出现快速增长，经济衰退会导致铝消费下降。国际上的铝贸易一般以美元结算，因而美元的走势对铝价格的影响非常明显。另外，进出口政策对铝价的影响也是很突出，特别是进出口关税，会直接影响铝的进出口成本。

**【锌】**

锌是一种银白色略带蓝灰色的金属，其新鲜面呈现出金属光泽和结晶形状，是常用的有色金属之一，产量与消费量仅次于铜和铝，广泛应用于建筑、汽车、机电、化工等领域。锌资源主要分布在中国、澳大利亚、秘鲁、墨西哥等国，中国的锌矿产资源位居全球第二，储量约4 000万吨。

锌精矿生产主要集中在中国、澳大利亚及美洲地区，其中，中国是全球最大的锌精矿生产国。影响锌期货价格的主要因素是供求关系，当市场供求关系处于暂时平衡时，锌的市场价格会窄幅波动；当供求关系失衡时，锌的价格会大幅波动。同时，锌是主要的有色金属品种，特别是在发达国家和地区，锌的消费与经济的发展高度相关。目前，中国钢材的镀锌率只有20%左右，与发达国家60%的比例相比还有很大的差距。锌的冶炼成本主要由锌的辅助原料、燃料动力费和人工成本、制造成本及其他费用组成。锌精矿的价格、燃料及电价变化对锌的冶炼成本有着较为明显的影响。

**4. 黑色系品种**

**【螺纹钢】**

螺纹钢带肋钢筋分为热轧带肋钢筋和冷轧带肋钢筋。我国是螺纹钢生产大国，由于我国固定资产投资规模较大，螺纹钢基本上用于满足内需，出口数量并不多。近几年，随着我国基础设施建设的发展，螺纹钢年产量保持在15%以上的增长速度。在钢材按品种分类的22个品种中，螺纹钢是占钢材总量比例最大的品种。

影响螺纹钢期货价格的主要因素是成本要素，其中铁矿石是钢铁生产中重要的原材料，不同的钢铁企业采购铁矿石的途径、价格、数量不同，且各自高炉的技术、经济指标也不同，因此，各个钢铁企业的原材料成本不一样。焦炭是钢铁生产必需的还原剂燃料，也是重要的成本要素。同时，焦煤、水电、风、汽油等也是钢铁生产中需要大量消耗的原材料。此外，由于不同钢铁企业采用的原材料的价格、数量都不一样，因此，钢铁企业的生产成本相差比较大。生产成本虽是钢铁产品价格变化的基础，但供求关系也是影响螺纹钢价格走势的重要因素，在生产成本相对稳定的情况下，供过于求时，价格下跌，供不应求时，价格上涨。另外，螺纹钢的价格与我国经济周期也有很强的相关性。

**【铁矿石】**

铁矿石是指含有铁元素和铁化合物的矿石。铁矿石用途单一，几乎只能做钢铁生产原料。含铁的矿石有300余种，常见的有170多种，其中，赤铁矿是自然界中分布较广的铁矿物之一。我国是世界上最大的铁矿石消费国、进口国和第二大生产国。作为我国国民经济支柱产业的钢铁行业，其生产最重要的原材料便是铁矿石，生产 1 吨生铁需要 1.6 吨铁矿石，铁矿石在生铁生产成本中占比超过了 60%。

影响铁矿石价格的因素主要包括成本、政策（产地国进出口政策和进口国的关税政策，以及消费国的钢铁生产发展政策）、产量变化、国际贸易价格、下游需求变化、替代品价格、产品库存变化、宏观经济形势等。

此外，铁矿石成本还受到其他一系列因素的影响，比如矿产开采设备的价格、开采所需水电的价格、相关税收和运费、人工成本，因而铁矿石的市场价格、成本价格不尽相同。

【焦煤】

焦煤也被称冶金煤，是高炉焦、铸造焦、铁合金焦和有色金属冶炼用焦的统称，由于 90% 以上的冶炼焦均用于高炉炼铁，因此，我们往往把高炉焦称为冶金焦。我国的炼焦煤储量低、优质资源稀缺，产量主要集中在华北地区、西南地区、东北地区，其中华北地区的山西产量最大。由于焦煤的用途广泛，因此，在全球属于重要的工业原料。

影响焦煤价格的主要因素是焦煤生产与需求的关系变化。重要的化工资源的生产成本是影响焦煤价格的重要因素，而且生产成本不仅包括开采成本、运输成本、人工成本，还包括炼制成本，尤其以目前的技术水平，焦煤的冶炼还需要较大的成本。下游钢铁的需求和销售价格对焦煤的期货价格也有一定的影响，从需求来看，焦炭、钢材行业影响最大。焦煤、焦炭、螺纹钢产量具有相关性，在价格波动方面三者趋同，总体保持一致。同时，宏观经济形势与产业政策也会影响焦煤的期货价格。

【焦炭】

焦炭是由炼焦煤在焦炉中经过高温干馏转化而来，既可以作为还原剂、能源和供炭剂用于高炉炼铁、铁合金和有色金属冶炼，也可以用于电石生产、气化、合成、化学等领域，还可用于铜、铝、锌等有色金属的鼓风冶炼，起到还原剂和发热剂的作用。到目前为止，焦炭已经成为现代高炉炼铁技术的必备原料之一，世界焦炭产量的90%都用作了高炉炼铁、冶炼，被誉为钢铁工业的基本"粮食"，具有重要的战略和经济价值。我国是传统的焦炭生产和出口大国，2019年以来，我国的焦炭产量占世界比重的60%以上，出口量占世界贸易量的60%左右。目前，焦炭已是我国为数不多的产量排名世界第一且具有重要影响力的能源性产品。在我国所有的消费焦炭的行业中，消费量占比基本稳定，其中钢铁行业占到焦炭消费比例的85%，化学制品占到7%左右。总之，焦炭作为钢铁工艺的重要原料，在国民经济中发挥着重要的作用。

影响焦炭价格的因素首先是生产成本。炼焦煤是焦炭生产的主要原材料，因此，其价格会决定焦炭成本的高低。其次是供需关系。而钢铁作为焦炭的下游行业，其发展好坏和价格情况直接决定了焦炭价格的高低。

钢铁价格与焦炭价格高度相关。在钢铁价格上涨阶段，足以承受较高的煤炭、焦炭成本压力，焦炭价格也表现为上涨。在钢铁价格下跌阶段，钢铁盈利能力弱化，钢厂可能采取重定焦炭价格或延迟付款等措施，从而焦炭价格表现为随钢铁价格下跌。

### 1.4.3 期　　权

期权是一种衍生金融工具，源于美国和欧洲。期权按权利分为：看涨期权和看跌期权。期权作为全球最活跃的衍生品之一，广泛用于风险管理、资产配置及产品创新等。从全球期权市场发展趋势来看，成交量逐年增加，总体维持较高的发展水平。从全球期权市场的组成来看，包括个股期权和股指期权在内的权益类期权是所有期权产品中最为活跃的产品，从市场的发展来看，北美市场的发展最为成熟，亚太地区次之，北美市场期权成交量占到全球市场的50%以上，亚太地区期权成交量占35%。

从期权角度来看我国的衍生品发展和现状，仍然处于萌芽状态，国内投资者对期权的了解有限。

自 2015 年以来，我国的期权市场发育日趋成熟，期权品种上市较快，期权市场规模快速壮大，为投资者提供了更多的投资与风险对准工具。在不远的将来，我国期权市场还将进一步扩大，未来将有更多的 ETF 指数、商品和个股，都有机会迎接相应的期权品种上市。

期权可以在交易所内交易，也可以在场外市场交易。根据交易场所的不同，它可分为场内期权和场外期权。场内期权是指在交易所内交易的标准化的期权合约，通过清算机构进行集中清算。场外期权是指在非集中性的交易场所交易的非标准化的期权合约，它是根据场外双方按照各自需求自行制定交易条件的金融衍生品。

场内期权与场外期权最本质的区别有两点：一是交易场所不同，场内期权必须在指定的交易场所内交易，而场外期权是不需要在指定交易场所交易的。二是合约的标准化，场内期权的合约是标准化合约，而场外期权的合约是非标准的合约。目前，各个商品交易所推出的期权，都是场内期权。比如白糖、豆粕、棉花。

## 1.5 了解期货合约

期货合约是指由交易所设计，经监管部门批准上市的标准化合约。期货合约主要分为股指期货合约、商品期货合约和期权合约三种。

### 1.5.1 股指期货合约

股指期货合约是指将股指期货作为一种金融期货，以股价指数为标的物的标准化期货合约。股指期货合约按照事先确定的股价指数进行指数的买卖。这里以沪深 300 指数为例，说明股指期货合约，见表 1-1。

表 1-1 沪深 300 股指期货合约

| 合约标的 | 沪深 300 指数 |
|---|---|
| 合约乘数 | 每点 300 元 |
| 报价单位 | 指数点 |
| 最小变动价 | 0.2 点 |
| 合约月份 | 当月、下月及随后两个季月 |
| 交易时间 | 每周一至周五 9:30 到 11:30、13:00 到 15:00 |
| 每日价格最大波动限制 | 上一交易日结算价的 ±10% |
| 最低交易保证金 | 合约价值的 12% |
| 最后交易日 | 合约到期月份的第三个周五,遇国家法定假日顺延 |
| 交割日期 | 同最后交易日 |
| 交割方式 | 现金交割 |
| 交易代码 | IF |
| 上市交易所 | 中国金融期货交易所 |

从合约上可以看到股指合约每点的价值是 300 元,最小的波动价位是 0.2 点,即每波动 0.2 个点,价位跳动 60 元,指数每上涨或下跌一点,价格波动 300 元。此外合约还规定了交易的时间、交易的保证金及最后的交易日、交易的上市交易所等信息。

### 1.5.2 商品期货合约

商品期货合约相对于金融期货合约更为简单,直观地体现为商品价格的波动。表 1-2 为一份螺纹钢的期货交易合约。

表 1-2 螺纹钢期货交易合约

| 交易品种 | 螺纹钢 |
|---|---|
| 交易单位 | 10 吨/手 |
| 报价单位 | 元(人民币)/吨 |
| 最小变动价位 | 1 元/吨 |
| 涨跌停板幅度 | 上一交易日结算价的 ±11% |

续上表

| 交易品种 | 螺 纹 钢 |
|---|---|
| 最低交易保证金 | 合约价值的 13% |
| 合约月份 | 1 到 12 月 |
| 交易时间 | 每周一至周五 9:00 到 10:15、10:30 到 11:30、13:30 到 15:00，夜盘 21:00 到 23:00 |
| 最后交易日 | 合约月份的 15 日，遇法定假日顺延 |
| 交割日期 | 最后交易日后连续三个工作日 |
| 交割品级 | 标准品；符合国标 GB/T 1499.2—2018《钢筋混凝土用钢，第 2 部分，热轧带肋钢筋》 |
| 交割地点 | 交易所指定交割仓库 |
| 交割方式 | 实物交割 |
| 交割单位 | 300 吨 |
| 交易代码 | RB |
| 上市交易所 | 上海期货交易所 |

可以看到，合约的交易单位是一手十吨，最小变动价位是一元。这也就意味着，当市场价格波动一元，每手螺纹钢期货的盈亏是十元（期货杠杆的作用得到体现，因为投资者用一吨的钱买入了十吨的合约，价值放大了十倍）。合约同样也规定了交易时间和最后的交易日以及最低的交易保证金。

由于商品期货合约的标的是实物商品，所以，其规定了交割的品级，要求现货要达到的质量标准。持仓如果发生交割，还涉及交割的地点及交割的方式，合约上都有具体的规定。

### 1.5.3 期权合约

期权合约相对其他期货合约会复杂一些，很多投资者不是很明白期权的含义，这与期权推出的时间比较晚有一定的关系，还没有被广大投资者普遍接受，属于新生事物。这里我们以白糖期权合约为例进行说明，见表 1-3。

表 1-3　白糖期权合约

| 合约标的物 | 白糖期权合约 |
| --- | --- |
| 合约类型 | 看涨期权，看跌期权 |
| 交易单位 | 一手（10 吨）白糖期权合约 |
| 报价单位 | 1 元（人民币）/吨 |
| 最小变动价位 | 0.5 元/吨 |
| 每日价格最大波动限制 | 与白糖期货合约涨跌停板幅度相同 |
| 合约月份 | 标的期权合约中的连续两个近月，其后月份在标的期权合约结算后持仓量达到 5 000 手（双边）之后的第二个交易日挂牌 |
| 交易时间 | 每周一至周五 9:00 到 10:15、10:30 到 11:30、13:30 到 15:00，夜盘 21:00 到 23:00 |
| 最后交易日 | 标的期权合约交割月份前一个月的第三个交易日，以及交易所规定的其他日期 |
| 到期日 | 同最后交易日 |
| 行权价格 | 以白糖期权前一交易日结算价为基准，按行权价格间距挂出五个实值期权，一个平值期权和五个虚值期权。行权价格小于等于 3 000 元一吨，行权价格间距为 50 元一吨，行权价格大于 3 000 元，小于等于 10 000 元一吨，行权价格间距为 100 元一吨，行权价格大于 10 000 元一吨，行权价格间距为 200 元一吨 |
| 行权方式 | 美式，买方可在到期前任意交易日的交易时间提交行权申请。买方可在到期日 15:30 之前提交行权申请，放弃申请 |
| 交易代码 | 看涨期权，SR-合约月份-C-行权价格。看跌期权，SR-合约月份-P-行权价 |
| 上市交易所 | 郑州商品交易所 |

　　期权的交易单位与期货合约一致，但是变动价位是 0.5 元一吨，期权合约跳动一个点是 5 元，交易时间与期货的交易时间一致。期权合约与期货合约最大的区别在于行权价格的规定，期权在每个价格区域都规定了不同的行权价格，即它的行权价格在不同的价位是不一样的，而行权价格的不同又会影响看涨期权和看跌期权的收益与亏损。

## 1.6 期货交易常识

期货交易有自己的特点，下面为大家详细介绍说明。

### 1.6.1 双向交易

期货是双向交易，既可以做多，也可以做空。做多大家很容易理解，但是很多人不理解做空。比如，你手里有 100 斤苹果，如果要把 100 斤苹果卖出去，在交易市场里就被称为做空。如果你拿钱到市场再买 100 斤苹果，则被称为做多买涨。这时出现一个问题：如果自己手里没有苹果，拿什么去卖？这是很多投资者不了解的地方。

其实，期货交易不是实物交易，所交易的对象只是一份合约，是可以买空、卖空的，在交易的过程中不需要有实物，只要在这个卖点上下一个卖出指令，一旦市场价格下跌，就能盈利。比如，苹果现在的价格是 8 000 元一吨，你认为它的未来价格会下调，在 8 000 元的价格位置下卖出指令，一旦苹果真的跌到了 7 500 元一吨，每吨苹果你可以赚 500 元。如果你看涨苹果未来的价格，在 8 000 元的位置下买入指令，如果苹果的价钱涨到了 8 500 元一吨，那么你就可以盈利 500 元；但是，如果苹果的价钱不涨反跌，跌到了 7 900 元，你的这张单子就要亏 100 元一吨。在期货交易中，如果你在开仓时买入，那么，平仓的时候就是卖出平仓，这是一个完整的交易过程。因为买入开仓，平仓时要把这个"货物"抛出。如果开仓时卖出，那么平仓的时候就是买入平仓，这样才算完成了一个完整的交易过程。而且期货交易中的这种双向交易，随时都可以操作，我上一秒买入，下一秒可以卖出；上一秒卖出，下一秒可以买入。期货与股票有一点不同，就是可以实时买涨卖跌，这就是期货双向交易的特点。

### 1.6.2 保证金杠杆交易

期货的保证金杠杆交易本质上是一种以小博大的交易模式。比如，我有一份大豆的期货合约，大豆的价格现在是 4 000 元一吨，一手合约是 10 吨，经计算这一手合约的总价值是 40 000 元，按照现货交易思维，我要买入这 10 吨大豆，需要拿 40 000 元货款。但在期货中交易的方式就不一样了，在期货交易市场上要买下这 10 吨大豆，只大约花 1/10 的金钱，便能把这一份合约买下来，这也就意味着，40 000 元的期货合约，投资者只需出 4 000 元的保证金就可以参与交易。因此，我们说期货交易的杠杆是 10 倍。因为是用 1 倍的资金买进了 10 倍价值的货物，这是期货交易的一大特点，也恰是期货交易的最大风险点。

### 1.6.3 交易成本

在期货交易中，除了盈利和亏损之外，还需缴纳的费用称为交易成本。首先，期货交易中的保证金是不算成本的，相当于押金，交易开仓之后，交易所会划扣你的保证金。交易平仓之后，交易所会释放你的保证金。因此，交易成本主要是交易所和期货公司向投资者收取的手续费用——交易手续费。交易手续费的收取标准有两种形式，有的品种直接标价多少钱一手，比如豆粕、白糖，有的品种是按照期货合约的价值一定比例收取，比如螺纹钢 5 000 元一吨，一手的合约价值是 50 000 万元，其手续费如果按照万分之一的比例收取，那么开仓一手会收取 5 元手续费。

股指期货的手续费计算稍微麻烦一些，这里举例说明。比如，沪深 300 股指期货目前的盘面点位是 4 000 点，沪深 300 股指期货每一个点的价格是 300 元，那么，一张合约价值是 4 000 点乘以 300 元，等于 120 万元。而股指期货的手续费是根据合约价值比例计算的，而且，其开仓与平仓的费率不一样。比如，如果股指期货开仓的手续费是万分之零点五，则用

120万乘以万分之零点五就是开仓的手续费——60元一手。股指期货如果是隔天平仓，那么它的开仓和平仓手续费费率是一致的，即隔天平仓一手总的手续费是60元加60元等于120元，当然，这里假设的是4 000点的价位平仓。

但是如果要把今天开的仓位当天平仓了结，不隔夜，那么其平仓费率就不是万分之零点五了，因为根据目前交易所的制度，为了限制频繁交易，平仓的手续费会提高到万分之四左右。计算平仓的手续费就是120万乘以万分之四，等于480元一手，也就意味着如果一手股指当天平仓，产生的手续费是60元加上480元，合计540元，成本高了很多，这也是目前股指期货成交量没有以前那么多的原因之一。

除了按比例计算手续费的方式，也有很多的期货品种是按照手数来收取固定手续费的，比如，固定收取3元、5元或是6元一手，在当天平仓与隔天平仓方面也都有不同的规定，会根据交易所的调节发生一定的变化。比如，交易所鼓励大家交易的某些合约，很可能手续费会调低，交易投机性过强、过热的品种则会根据情况调高手续费。

期货交易的每笔交易基本上都会产生手续费，所以，期货交易的频率越高，次数越多，收取的手续费用就越多。期货交易除了手续费之外基本没有其他成本了，因为期货交易的出入金转账都是免费的。

说到交易成本，还要顺便解释一下交易点差，有很多投资者会对点差产生误解，比如一个品种，目前的盘面价格是5 000元，我在5 000元的位置下多单，成交价格却是5 001元，或者在5 000元的位置下空单，成交的价格不是5 000元，而是4 999元；或者有的投资者在盈利平仓的时候，比如多单准备在5 000元的价位止盈平仓，结果平仓的价位有可能是4 998元；又或者在止损的时候，比如，空单准备在5 000元止损，平仓的价位也不是5 000元的位置，成交的价格可能是5 001元，甚至是5 003元。这样投资者会产生疑惑，这中间的利润是不是被谁拿走了？其实，这涉及交易所的价格成交制度。那么成交价格是如何形成的呢？下面举例为大家说明其中的逻辑。

期货价格的形成是指在期货市场上通过公开竞价的方式形成期货合约标的的价格。期货市场的公开竞价方式主要有两种：一种是电脑自动撮合方式，另一种是公开喊价方式。目前我国交易所基本上是采用电脑自动撮合成交方式。这种成交方式遵循的是价格优先和时间优先原则。价格优先原则是指交易指令在进入交易所主机之后，最优价格最先成交。所谓的最优价格，是指最高的买价与最低的卖价报单首先成交。时间优先原则是指在价格一致的情况下，先进入交易所系统的交易指令先成交。交易所的主机按照上面的两个原则，对进入主机的指令进行自动配对，以交易双方都可以接受的价格达成交易，再反馈给交易者。

下面用豆粕期货交易双方报价及入市时间情况为例说明成交撮合原理，见表1-4。

表1-4　豆粕交易报价及入市时间

| 买入价　数量 | 报入时间 | 卖出价　数量 | 报入时间 |
|---|---|---|---|
| A　2 800元 10手 | 13:32 | D　2 803元 5手 | 13:34 |
| B　2 805元 10手 | 13:33 | E　2 805元 10手 | 13:36 |
| C　2 798元 6手 | 13:35 | F　2 799元 5手 | 13:32 |

以上是交易时买卖双方的报入指令情况，A、B、C三组是报入的买单，D、E、F三组是报入的卖单，根据价格优先原则，应该是F组的2 799元的5手与B组的2 805元10手成交，成交5手，最低的卖价与最高的买价成交。这时B组还剩5手多单等待成交，然后根据时间优先原则，D组报入时间较早，剩下的5手多单与D组2 803元的5手空单配对成交，完成配对。

所以，在投资者的交易指令发出去之后，成交在什么价位取决于撮合报价的情况，有时候行情剧烈波动，成交的价位与发出指令的价位可能会相差很远，行情波动比较慢，成交的价位会比较接近我们报入的价位。正常情况下，我们报入的买单都会高一个价位成交，报入的卖单成交价格都会低一个价位。

### 1.6.4 期货术语解释

开仓，是交易的开始，在期货交易中是指在某一个价位买入做多，或者是卖出做空。

平仓，是指一个交易的结束，即把以前开仓的多单平掉了结，或者把以前开仓的空单平掉了结，称为平仓。

做多，在期货里面是买涨的意思，价格上涨，交易单就能盈利。

做空，因为期货是双向交易，是可以卖空的，当价格下跌的时候，做空的交易单能够盈利。

反手，是指改变原有交易单的方向，比如，原本有一手多单，反手则意味着将原来的多单在现有的价位上平仓，然后在现有的价位上下一手空单，比如，在某商品 5 000 元的时候下了一手多单，然后价格慢慢下跌，跌到了 4 950 元，这时，下达快捷反手指令，则意味着多单在 4 950 元的位置平仓了结，同时在 4 950 元的位置卖出一手空单。

锁仓，是指在交易中经常要用到的一种交易手法，比如，某商品在价位 5 000 元的时候，有一手多单，但是价格并没有上涨，而是下跌，跌到了 4 940 元，这时我们又不想马上平仓想观望，那么，可以在现有的价位下一手空单，即在 4 940 元卖出一手空单，操作后盈利或亏损都锁定了，不会随行情波动而发生变化，这种做法称为锁仓。锁仓一般是在对交易没有把握，需要时间判断，又不想平掉现有的持仓的时候所发出的交易指令。

解锁，是指当锁仓之后，经过一段时间的观察与判断，有了明确的方向，选择平掉多单或者空单，剩下单边的头寸。

委托，委托下单是指交易者通过交易系统发出开仓指令至交易所，称为委托下单。委托下单并不代表成交，如果交易所没有撮合成交，委托单只显示为已报入。

挂单，是指在某一特定价位设置委托单，该特定价位并不是目前的市场价位，而是等待市场价位达到挂单价位时才能成交。比如，某商品目前的市场价是 5 000 元，有人觉得 4 980 元才是一个比较理想的入场价位，那么，你可以在 4 980 元的位置挂委托单，当市场价格达到 4 980 元的时候，该委托单即可撮合成交。

持仓量，是指可平仓的买入或卖出头寸的总和。在交易系统中可以看到某某商品的具体持仓量，比如，20 万手、40 万手、100 万手，通过观察持仓量的大小，可以推测出该交易品种市场容量的大小。

成交量，是指当日某一期货合约成交的手数。一般来讲，成交的手数越多，代表该品种越活跃，如果某期货品种成交量较小，代表该品种不活跃，市场参与的资金较少。一般来讲，持仓量大的品种，成交量相应也会越大。

主力合约，是指某某商品所有合约当中持仓量或者成交量最大的合约，其是市场资金参与度最大的合约。

次主力合约，是指某商品所有合约当中持仓量或者成交量略小于主力合约的合约。市场资金的参与度也较大，一般是转月后的主力合约。

合约移仓换月，因为期货合约有它的时间限制，比如，某品种的 2209 合约，意思是 2022 年 9 月是最后的交易时间，一般在 8 月 31 日就停止交易了，我们很多交易者是做长线投资，或者是做套保，如果我们在 9 月并不想平仓，还要继续持有，这时应该把 9 月的合约平仓了结，在更远的期货合约买入，比如，把 2209 的合约平仓，买入更远的期货合约 2301，这种操作就被称为移仓换月。

市价，是指目前的市场价格，也是交易系统里的实时盘面价格。

对手价，是指最快可以成交的价格，也是最优先撮合成交的价格，在从事期货交易时，一般把价格都设置成对手价。

指定价，是指交易者设定的特定价格。比如目前期货的价格是 5 000 元，我设定一个指定价 4 950 元做多，不到 4 950 元不会下单，这个 4 950 元被称为指定价。

交割月，是指期货合约到期的月份。在期货交割月，满足实物交割的投资者在该月进行实物交割。一般的投机客户是不允许进入交割月的，持仓在最后一个交易日会被强平处理。

多逼空，是指期货的多头势力强大，买入大量现货，垄断现货。因为期货最后是要涉及实物交割的，空方如果交不出货物，则必须以不利的价格平仓，导致亏损。比如，豆粕的现货价格是 3 000 元一吨，现在多头垄断现货，把期货价格拉高到 5 000 元一吨，这时市场上没有现货，空方没有商品交付，则必须以 5 000 元的价格成交，多头大赚，空头大亏。

空逼多，是指空头的资金实力强大，且手头上有大量的现货，不停地卖出，在现货供应充足及大量资金的压力下，多头难敌空方的打压，不得不平仓离场。比如，豆粕的价格是 3 000 元一吨，在 2 500 元的时候，多头认为价格已经够低，进场做多，但是价格一路走低，一直跌到 1 900 元。多头资金有限爆仓，不得不平仓离场。

结算单，是指每天交易结束后，期货公司对当天交易的盈亏进行计算所出具的报表，也可以理解为期货公司与投资者的对账单。

银期协议，是指开立期货账户后与银行签订的期货与银行之间账户往来的法律条文，是约定银行与期货投资者之间资金出入的协议。现在的银期协议一般在开立期货账户之后，在各银行的网银上面签署，也被称为银期绑定。

银期转账，是指从投资者的银行卡转入资金至期货账户，或者从期货账户把资金转入投资者本人银行卡的资金操作行为。需要注意的是，银期转账只有在开通银期协议后才能操作。

结算价，是指当日成交价按照交易量的加权计算的平均价。结算价不等同于收盘价，在交易系统的盘面中，结算价以黄色的线条表示，交易所对投资者每天的未平持仓盈亏结算也是根据结算价来计算。

浮盈、浮亏，是指在开仓之后，由于期货价格的变动，盈利和亏损随时在发生变化，这种盈利或亏损称为浮盈或浮亏，只有平仓之后才是实际的盈利和实际的亏损。

涨停板、跌停板，是指在一个交易日内允许市场价格最大的涨幅与跌幅。设定涨跌停板是为了防止极端行情发生的交易风险。涨跌停板的设置幅度是根据品种和当下行情的具体情况来调整的，并不固定。

止盈与止损，是指对仓单的盈利进行平仓的操作。止损是指对持仓所产生的亏损平仓了结的操作，止盈是指在持仓获得利益最大化后及时卖出了结的操作。

基差，是指某种商品在某一时间现货价格与期货价格的差。基差的计算方式是现货价格减去期货价格。当现货价格低于期货价格，基差为负值；当现货价格高于期货价格，基差为正值。基差的判断广泛应用于套利与套期保值当中，是一个比较重要的概念。

基差走强与走弱，一般来讲，现货价格正常的情况下是低于期货价格。当期货价格越来越高，被称为基差走弱。如果期货价格一路走低，被称为极差走强。比如，豆粕的现货价格是 3 000 元一吨，期货价格是 3 200 元一吨，基差是 -200 元。当期货价格涨到 3 250 元的时候，现货还是 3 000 元，基差变成 -250 元，这被称为基差走弱。如果期货价格跌到 3 100 元，现货价格还是 3 000 元，这样基差是 -100 元，这就被称为基差走强。

条件单，是指事先设置好条件，等待行情触发的下单模式。比如，商品的价格是 5 000 元，我认为时机未到，最好的机会是在 4 950 元的时候下单，那么，我就可以在交易系统中事先设置好 4 950 元的多单，一旦行情价格到达 4 950 元的价位，即可触发成交。

预埋单，与条件单的概念大致类似，是指预先设置好条件单，等待行情的触发。

## 1.7 如何参与期货交易

参与期货交易,需要做哪些准备工作呢?下面为大家详细讲解具体的参与方法。

### 1.7.1 了解期货交易所、期货公司

**1. 期货交易所**

期货交易所是专门进行期货合约买卖的场所,专为期货交易者提供期货交易的设施和服务,没有任何商品,不买卖期货合约,也不参与期货价格的成交。期货交易所对于期货交易的正常开展主要有以下作用:

一是拟定期货合约,将期货合约条款统一化和标准化,使期货市场具有高度的流动性,提高市场效率。

二是为期货交易制定交易规则和制度,并监督这些制度和规则的执行。交易所不确定价格,价格在交易厅内以公开竞价的形式形成,以最大限度地规范交易行为,监督交易所内进行的交易活动。

三是协调交易纠纷,包括客户与经纪公司之间的纠纷。

四是为交易双方提供履约及财务方面的担保,极大地降低期货交易中的信用风险。

五是提供信息服务,及时公布场内形成的期货价格,增加市场的透明度和公开性,交易所公布价格信息,让场外的交易者了解市场行情。

六是为期货交易提供一个有组织的场所和各种设备。

七是为期货交易提供交割服务,追缴和清缴保证金等。

期货交易所的组织形式一般分为两种:会员制和公司制。会员制期货交易所由全体会员共同出资组建,缴纳一定的会员资格费作为注册资本。公司制的期货交易所通常由若干股东共同出资组建,以盈利为目的,盈利

来自于交易所进行的期货交易中收取的各种费用。目前，我国经国务院设立的期货交易所有四家，分别是上海期货交易所、大连商品交易所、郑州商品交易所和中国金融期货交易所。其中，前三家期货交易所均采用会员制结构，由会员共同出资组建，每个会员享有同等的权利和义务，如均享有在交易所场内交易的权利，可以直接参与交易。中国金融期货交易所是我国首家公司制期货交易所，股东大会是其最高权力机构。

我国目前的结算机构均作为交易所的内部机构来设立。在具体结算制度上有两种类型：一种是分级结算，另一种则不作结算会员和非结算会员的区别。

中国金融期货交易所采取分级结算制度，交易所会员由结算会员和非结算会员组成，交易所对结算会员进行结算，结算会员对投资者或者非结算会员进行结算。其他三家期货交易所均采取非分级结算制度，即交易所会员不做结算会员和非结算会员的区分，他们既是交易会员也是结算会员。在进行期货交易的时候，发现每天与我们进行对账的是期货公司，而非期货交易所，因为期货公司是期货交易所的结算会员，首先是交易所对期货公司进行结算，然后期货公司对投资者（期货交易者）进行结算。

四家交易所虽然名称、地点等不同，但需要交易遵循的基本制度都是相同的，具体如下：

一是保证金制度，是指交易者按照期货合约的一定比例缴纳少量资金，作为履行期货合约的担保资金，以获得参与期货买卖的条件。期货交易保证金主要是为期货合约的履行提供财务担保。

二是涨跌停板制度，是指期货合约在一个交易日内的成交价格不能高于或低于该合约一个交易日结算价为基准的某一涨跌幅度，超过该幅度的报价将不能成交。涨跌停板制度主要是为了缓解突发事件和过度的投机行为，控制市场风险。

三是持仓限额制度，是指交易所为了防止市场风险过于集中于少数交易者手中和防范市场操纵行为，对会员和客户的持仓数量进行限制的制度。比如橡胶,个人账户最多持仓 500 手,鸡蛋最多持仓 600 手等。

四是每日无负债结算制度,是指结算部门在每日闭市之后检查账户的保证金,发现保证金不足时,发出追加保证金的通知,使保证金维持在一定水平上,防止发生负债的结算制度。

五是大户报告制度,是指通过实施大户报告制度,使交易所对持仓量较大的会员或者客户进行重点监控,以了解他们的市场动向,有效防范市场风险。

六是实物交割制度,是指期货合约的买卖双方在合约到期的时候根据交易所制定的规则和程序,通过期货合约标的物所有权的转移,对期末平仓合约进行了结的制度。

七是强行平仓制度,是指当会员和客户的交易保证金不足,并且在规定的时间内未补足时,或者会员和客户的持仓量超出规定限额时,或者会员和客户违规时,交易所为了防止风险进一步扩大而实行的强行平仓制度。

八是风险准备金制度,是指由交易所设立的从自己收取的会员交易手续费中提取一定比例的资金,用来维护期货市场的正常运行,提供财务担保或弥补因不可预见的风险带来的亏损。

九是信息披露制度,是指按日、按周、按月向会员、客户和社会提供期货交易信息的制度。制度要求,期货交易所应当及时公布上市品种期货合约的有关信息及其他应当公布的消息,并保证信息的真实、准确。只有这样,期货交易所的交易者才能在公平、公开的基础上接收正确的信息,从而做出正确的决策,防止不法交易或者内幕交易。

十是会员管理制度,是指交易所实行会员制,只有具备一定条件或成为交易所会员的,才能进入交易厅直接进行交易,非会员必须通过期货交易所的会员代理才能进行期货交易的制度。

**2. 期货公司**

期货公司是指依法设立的,接受客户委托,按照客户的指令,以自己的名义为客户进行期货交易,并收取交易手续费的中介组织,交易结果由客户承担。期货公司作为交易者与期货交易所之间的桥梁，归属于非银行金融服务业。国际上期货公司一般具有以下职能：

一是根据客户的指令买卖合约，办理结算和交割，从事期货交易自营业务，对客户账单进行管理，控制客户交易风险，为客户提供市场信息，进行期货交易咨询，充当客户的理财顾问。

二是期货公司受到法规约束，主要从事经纪业务（自营业务目前还受到限制），包括接受客户委托、代理期货交易、拓展期货市场、节约交易成本、提高交易效率、增强期货市场竞争的充分性，以形成权威有效的期货价格。

三是期货公司有专门从事信息收集和分析行情的客服人员，为客户提供咨询服务，有助于提高客户交易决策的准确性。

期货公司是交易所的会员，是持有期货经营许可牌照的合法经营期货经纪业务的正规金融机构，受证监会监管。目前我国共有150余家期货公司，其中国营期货公司居多，民营期货公司占的数量较少，但从行政区划分布而言，则比较均衡，几乎每个省、直辖市、自治区都有两到三家期货公司。只要在中国期货协会网站上查询到，参与期货交易的投资者在正规的期货公司开户，一般都不用担心资金安全问题。

### 1.7.2　了解期货开户

期货开户是对期货有兴趣的投资者参与到期货市场来必须要办的登记手续。如果要进行期货交易，投资者首先要找到一家正规的期货公司，然后联系他们的客户服务经理开户（准备自己的身份证、银行卡）。投资者既可以亲自到期货公司营业点去办理业务，也可以通过电话在手机上开立账户。账户开通之后，投资者必须在这个期货公司的官网下载交易端口，然后就可以在手机或者电脑上进行期货交易操作了。

期货开户最需要注意的是：千万不能与非法平台合作，不能把资金打入他人账户，不要听信他人承诺的盈利保证。

## 第 1 章　了解期货

目前期货公司开户都是在中国期货协会统一制作的期货开户云 App 上进行的，投资者可以在手机上下载期货开户云，或者在各个期货公司的官方 App 上进行开户。下面是开户流程。

第 1 步，打开开户云 App 之后，输入验证码，点击"马上开户按钮"，进行开户操作，如图 1-1 所示。

第 2 步，登录进去后，填写相关的个人信息，如姓名、身份证号、家庭地址以及联系地址等详细资料（可以按身份证地址来填写）等；然后选择开户的营业部，填写联系电话、联系手机电子邮箱等，如图 1-2 所示。

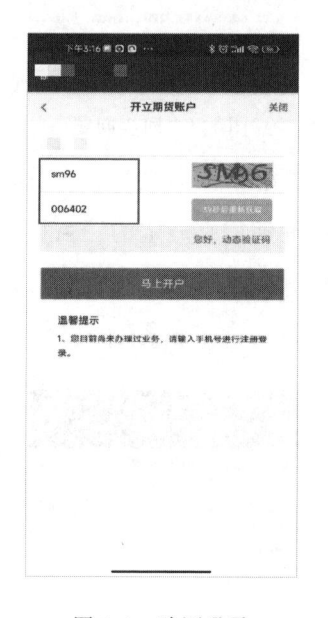

图 1-1　验证登录　　　　图 1-2　填写个人信息

第 3 步，进入适当性分类页面，一般的投资者选择"普通投资者"一栏，点击"下一步"按钮，如图 1-3 所示。然后进行投资者风险测评，如图 1-4 所示，个人根据自己的实际情况，如实回答问卷的问题。

第 4 步，系统会对你刚才的风险评估打一个分数，一般的情况是 C4 类型的投资者，然后点击"下一步"按钮，如图 1-5 所示。

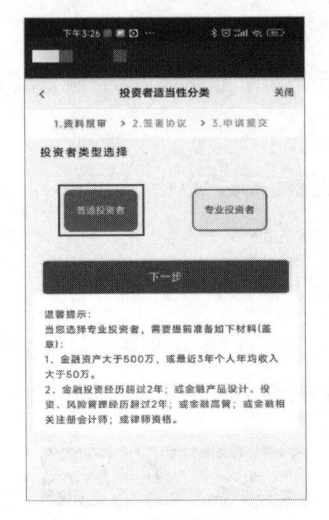

图 1-3　选择投资者类型 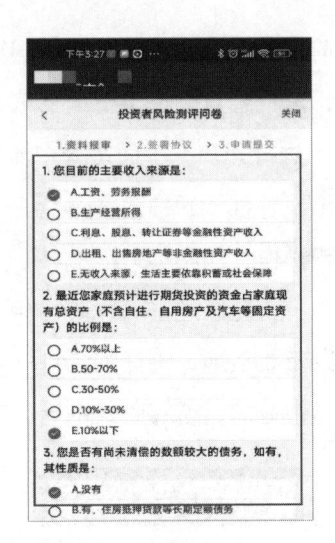　　　　　图 1-4　回答问题

第 5 步，选择交易所，对于以前从未开过户的新投资者，后面的金融期货和原油期货不能选择，因为金融和原油期货有一定的门槛和一些特定的资金要求，需要开完户后走相应的手续才能开通交易。一般新客户只能选择前面四家交易所，如图 1-6 所示。

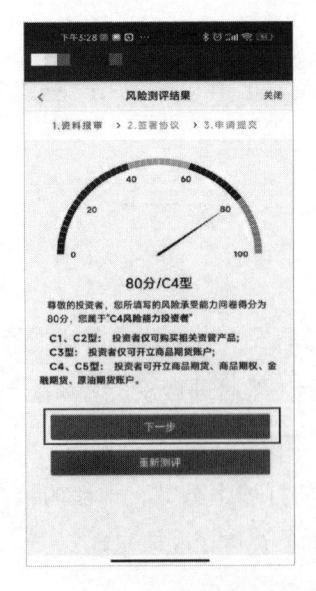

图 1-5　测评结果 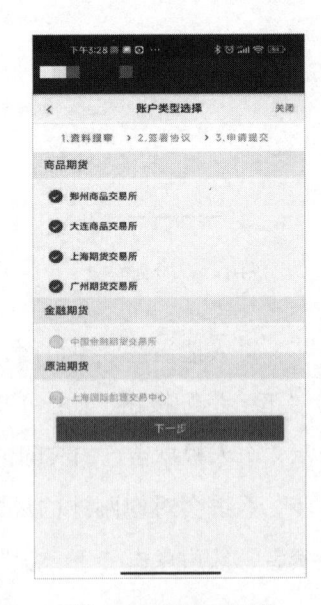　　　　　　　图 1-6　选择交易所

## 第 1 章　了解期货

第 6 步，点击"开始视频通话"按钮，如图 1-7 所示，进入视频环节，接通视频，与期货公司的客户管理人员进行视频认证，确认身份信息的真实性和客户开户意愿的真实性。

第 7 步，在视频验证完成之后，点击"下一步"按钮，进入数字证书的认证环节，如图 1-8 所示。它主要是方便客户以后再登录开户系统的时候确认身份，一般情况下，开完户之后很少再用到，所以，设置一个简单的密码即可。

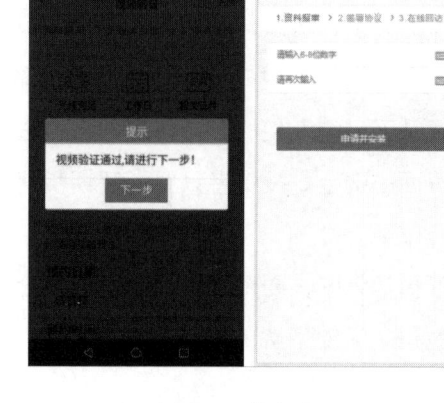

图 1-7　视频验证　　　　图 1-8　数字验证

第 8 步，签订相关的期货协议，每一份协议都要点开，阅读至最后一页后，选中"我已阅读并同意以上所有协议和业务规则内容"单选按钮，然后点击"签署协议"按钮，完成协议的签署，如图 1-9 所示。接着会有一个简单的问卷调查，回答完之后点击"确定"按钮，即可。

第 9 步，成功提交申请之后，期货公司会为客户办理相关的开户手续，然后报送交易所申请交易编码，最后短信提示客户开户成功，

图 1-9　签署协议

发送相应的交易密码及资金账号至开户人手机。

### 1.7.3　了解资金安全

进行期货交易，很多投资者最关心的问题是自己的资金是否安全。其实大家做好下面几点就能实现资金安全：

一是找一家在中国期货协会网站上有备案的正规的期货公司。

二是在期货公司开好户之后，必须妥善保管好自己的密码，不能将密码泄露给别人。由于开立的期货账户与本人的银行卡之间建立的银期协议是一对一的关系，所以，从期货市场上划出来的钱只能转入投资者开户时指定的本人的银行卡中。因此，期货里面的资金划转到他人银行卡名下，这种情况是不可能发生的。即便是别人能进入你的期货账户，也不可能转走期货里面的资金。投资者只要了解期货保证金这一制度，就可以放心地进入期货市场。

顺便提示大家，要做好资金安全与风险防范（对于期货交易的新手而言，这也是必须要了解的期货市场常识）。总的来说，在期货交易中我们要注意以下几点：

一是境外期货交易目前来说是违反我国法律的。当我们在网上、微信或者QQ里认识一些人或公司，经过交流后如果对方向你推销外盘期货如何容易赚钱、保证金如何低、手续费如何便宜时，你不能轻易相信，更不能顺着他的指引把自己的资金转入对方的账户。他们往往自称是某某金融机构合法的代理，还会出示一些证件照片，其实你的资金根本没有用来交易，也根本没有进入交易所，而是进入了他的私人账户（有很多不法分子利用外盘的交易来骗取客户的资金）。

二是利用交易者想在期货市场取得盈利作为诱饵来骗取客户，往往是用各种靓丽的头衔在网上进行宣传，有的会晒豪车、名表、别墅，有的是把虚假的盈利账单展示出来，吸引投资者与他们取得联系。在取得投资者信任后，他们往往要求期货投资者转入资金给他们操作，或者要求期货投资者把账户交给他们代为操作，抑或是要求期货投资者按照他们的交易指令来进行操作。吹嘘按照他们的交易方法操作，一定能在市场上赚到钱。他们这样做的目的有几个：①在他们的指导下，如果你侥幸赚了钱，会要求你返一定的利润给他们，同时，还能赚取你的高额的手续费。如果你在交易时按照他们的指引发生了亏损，他们很可能会失联，溜之大吉。或者是让你拼命扛单，声称行情马上要反转，要你投入更多的钱来补仓位，导致你越亏越多。②他们可能会直接把你的资金卷走，然后失联。

总之，刚进入期货市场的时候，你要注意期货交易的安全，且务必要坚持如下几项原则。

第一，必须在正规的期货公司开立期货账户，不能轻信网络上或电话推销的一些非法咨询公司以及境外的金融机构。

第二，不要轻信对方给你的获利保证，不要受其利诱。

第三，保护好自己的期货账户，不要把密码、个人信息泄露给无关人员，并且不要把自己的期货账户交给别人操作。

## 1.7.4　期货的银期签约流程

各家银行的银期签约流程大同小异，一般都可以通过网银在家里完成，不需要去银行柜台办理。下面以中国工商银行和中国农业银行为例进行演示。

**1. 中国工商银行的银期签约**

第1步　打开中国工商银行网站首页，在"全部"菜单下选择"基金、证券、期货"选项，在弹出的子菜单中选择"集中式银期注册"选项，如图1-10所示。

第2步　在弹出的银期服务协议中点击"已阅读"按钮，然后再点击"下一步"按钮，如图1-11所示。

第3步　进入资料录入页面，需要填写一些开户信息，包括填写银行账户、开户的期货公司、期货资金账号等，如图1-12所示，然后点击"下一步"按钮。

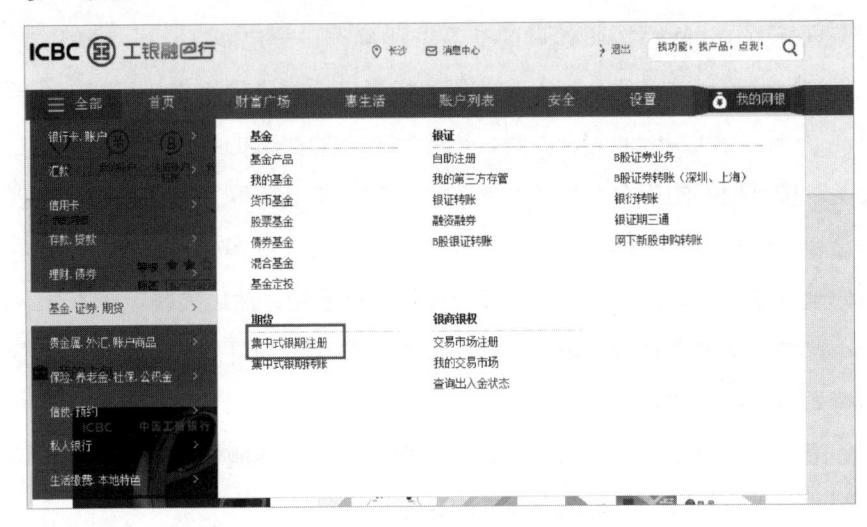

图 1-10 选择"集中式银期注册"

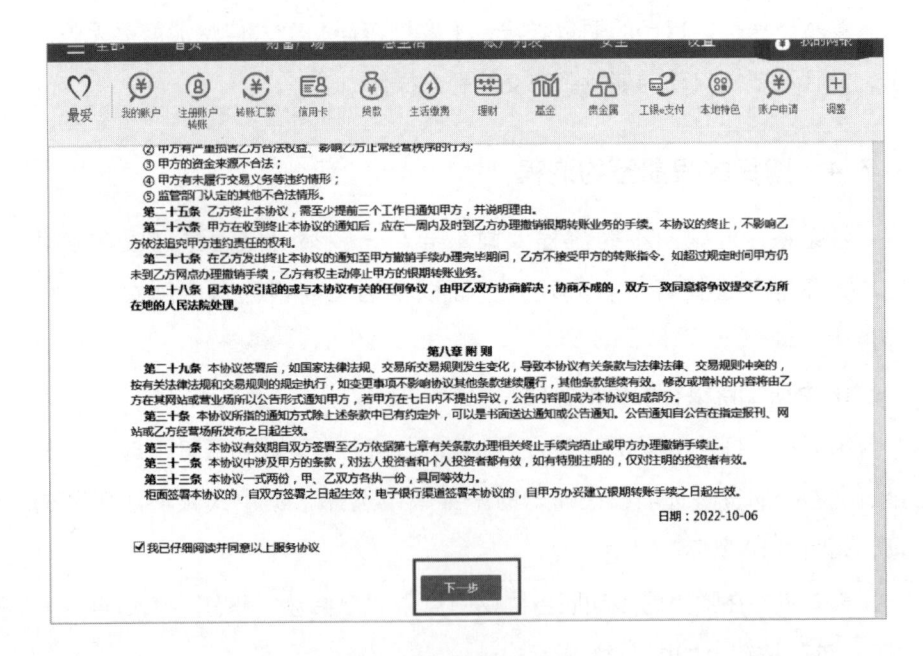

图 1-11 阅读银期服务协议

第 4 步 进入"集中式银期注册"确认信息页，仔细核对所填写的银

第 1 章　了解期货

行账户、期货公司名称、期货资金账号后,点击"确认"按钮,完成银期签约,如图 1-13 所示。

图 1-12　填写个人开户信息

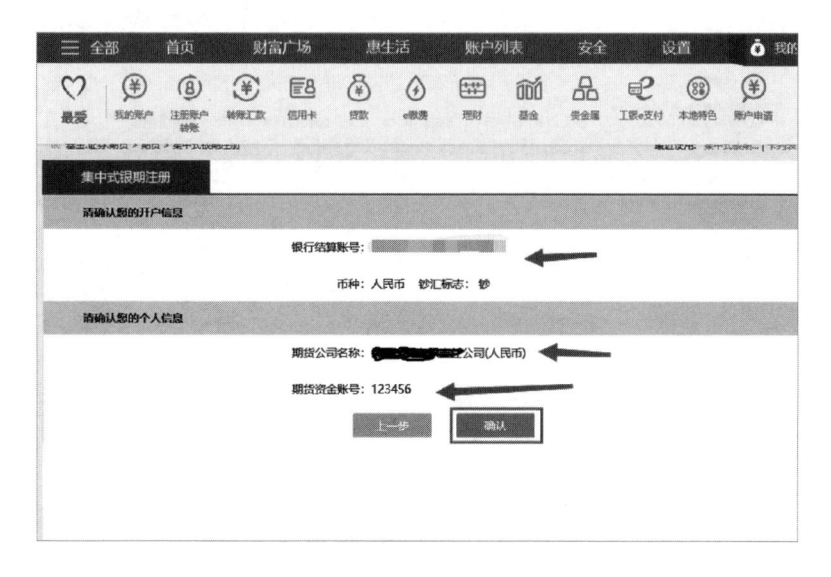

图 1-13　确认信息

## 2. 农业银行的银期签约

第1步　打开中国农业银行官网,选择"投资"菜单,选择"证券期货"→"签约管理"→"银期转账自助签约"选项,如图1-14所示。

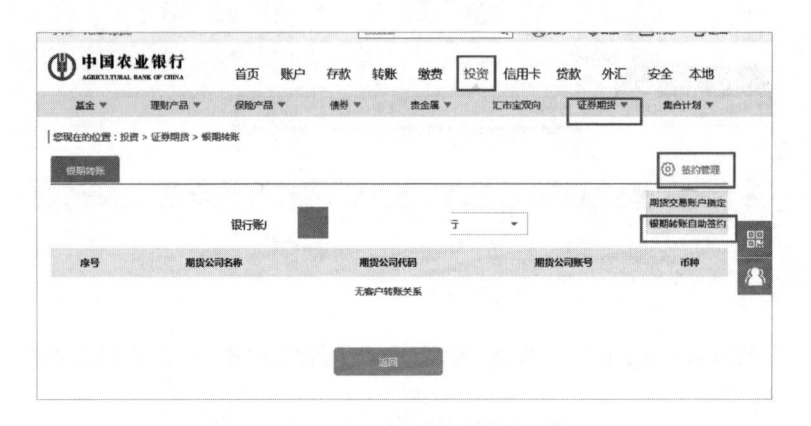

图1-14　选择"银期转账自助签约"选项

第2步　在"自助签约"页面填写账户密码、期货资金账号、资金密码等信息,如图1-15所示。需要注意的是,中国农业银行在签约的时候需要用到U盾输入口令,在输入动态口令后,点击"已阅读协议"按钮确认。

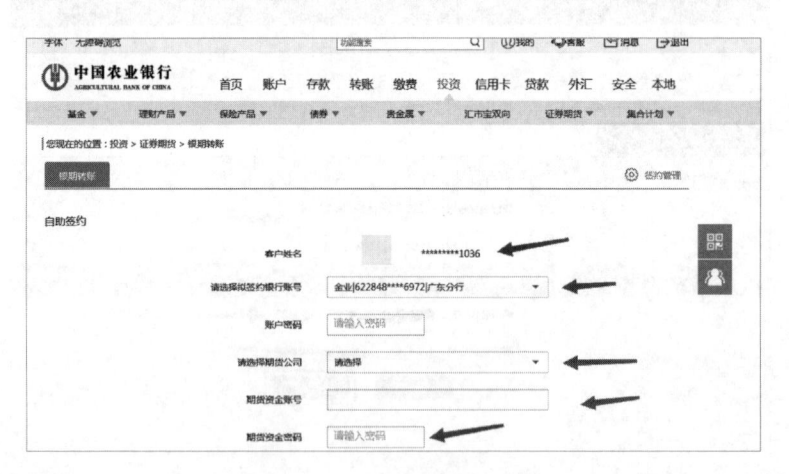

图1-15　填写资金账户信息

第3步　信息填写完成后,点击"提交"按钮完成。

第 2 章

# 期货常用分析技术与指标解读

## 2.1 道氏理论

讲技术分析大都绕不开道氏理论。道氏理论来源于华尔街日报的记者和道琼斯公司的共同创立者查尔斯·亨利·道的社论。1902年，在查尔斯·亨利·道去世以后，威廉姆·皮特·汉密尔顿和罗伯特·亚雷继承了道氏理论，加以组织与归纳后成为我们今天所见到的理论。

道氏理论中有三个比较重要的假设（在经济学中，所有的原理都有一个假设的前提，在假设有效的前提下，这个原理才有用），具体如下：

假设一，指数和证券每天、每星期的波动都会受到人为操作的刺激，折返走势也可能受到这方面的影响，比如，常见的调整走势，但主要趋势不会受到人为操作的影响。

假设二，市场指数会反映每一条信息，每一位对金融有所了解的投资者，他所有的希望、失望与支持，都会反映在指数每天的价格波动中。因此，市场指数永远会适当地预期未来事件的影响，如果发生火灾、地震、战争等灾难，市场指数也会迅速加以评估。

假设三，人性永恒不变，历史循环重演，是整个技术分析的前提假设。

道氏理论有三个核心思想，即三重运动原理、相互验证原理和投机原理。

在三重运动原理中，道氏将市场走势分为三种运动，分别是基本运动、次级运动和日常波动。市场的基本运动是可以被预测的，预测次级运动很容易被欺骗，日常运动是随机漫步的，不可预测。因此，市场的主体趋势可以被预测，而每一个价格的波动时间、位置又是预测不准确的，必然当中有偶然，偶然当中又有必然，这是一种辩证的思想方法。

相互验证原理，通过相关性来检验结论的正确性，通过认识市场及再认识市场，不断重复理论与实践循环，以验证市场与预测之间的关系。对于两个较强相关性的品种或指数，当它们走势一致时，其中一个品种或指数的走势可以得到另一个品种或指数的验证，这意味着趋势还将继续。当它们之间的走势背离时，其中一个品种或指数的走势不能得到另外一个品种或指数的验证，这意味着趋势难以继续。此外，还可以考察自己的分析是否与商品市场的大趋势一致，如果商品市场在整体上处于下降趋势中，那么对于任何个别商品的看涨分析，都需要给它的分值打一些折扣。也就是说，在对商品进行分析前，要看该商品所处的总体环境到底是牛市还是熊市。

投机原理是我们的预期是否能够在市场上得到体现，毫不讳言，市场中已经包含了我们对市场的预期，是市场中不可分割的组成部分。因此，投机也是市场的成分。即市场之所以可以被预测，正是由于我们在预测市场，所以，预测是我们在预测自己的预测，以个体来对群体进行行为的预测。因此，我们和我们的预测市场是对立统一的。

下面是道氏理论的五个定理：

定理一，道氏的三种走势：短期、中期和长期趋势。

其中短期趋势是指持续数天至数个星期，中期趋势是指持续数个星期至数个月，长期趋势是指持续数个月至数年。任何市场中这三种趋势必然同时存在，彼此的方向可能相反。长期趋势最为重要，也最容易辨认与了解，是投资者主要的考量。中期与短期趋势都处于长期趋势中，只有明白它在长期趋势中的位置，才能够充分了解它，进而从中获利。中期趋势对于投资者较为次要，是投机者主要考虑的因素，它与长期趋势的方向可能相同，也可能相反。如果中期趋势严重背离长期趋势，那么可以被视为次级的折返走势或者修正走势，如果是次级折返走势，则必须谨慎评估，不可误认为是长期趋势的改变。短期趋势最难预测，唯有短线交易者会考虑它，即投机者与短线投资者才会关心——在短期趋势中寻找适当的买进或卖出机会，追求获利，尽量减少损失。

定理二，主要走势为空头或多头市场。

主要走势代表整体的基本趋势，通常被称为多头或空头市场，持续时间在一年以内乃至数年。正确判断走势的方向是投资是否成功的关键。了解长期趋势是成功投机的最起码条件，投资者如果对长期走势有信心是可以赚取相当不错的利润的。

定理三，主要走势为空头市场。

空头市场是长期向下的走势，包含重要的反弹，它来自各种不利的经济因素，只有价格充分反映可能出现的最糟糕的情况后，这种走势才会结束。它一般会经历三个主要的阶段：第一阶段，市场的参与者不再期待价格可以维持过度膨胀；第二阶段，卖压会反映经济状况与企业盈利的衰退；第三阶段，健全股票的失望抛售，不论价值如何，许多人急于求现，至少会抛售一部分股票。

定理四，主要走势为多头市场。

主要的多头市场是一种整体性的上涨走势，其中夹杂着次级的折返走势，平均持续时间长于两年以上。在此期间，由于经济情况好转与投机活动的转正，使得投资性与投机性需求增加，进而推高股票价格。

定理五，次级折返走势。

次级折返走势是多头市场重要的下跌趋势或空头市场重要的上涨趋势，持续期间通常在几个星期至几个月，期间内折返的幅度为前一次次级折返走势结束后的主要走势幅度的33%～66%，经常被误认为是主要趋势的改变。因此，多头市场的初级走势可能是空头市场的次级折返走势，相反的情况则会发生在多头市场出现顶部之后。次级折返走势是主要趋势的重大折返走势，因此，需要小心判断，判断失误可能会造成严重的亏损。

## 2.2 波浪理论

波浪理论也被称为艾略特波浪理论,是美国证券分析家拉尔夫·纳尔逊·艾略特发现的一种市场分析原理,以道琼斯工业指数为研究工具,总结分析股票、期货价市场变化的规律特点,其在股票资本市场的分析中应用最多的一种分析工具。

波浪理论有两个核心观点:一是行情走势的形态会在图表中按照一定的浪形和规律不断重复出现,但重复的时间间隔和波动幅度大小并不确定。二是大级别的浪形可细分为中级别的浪形,中级别的浪形还可继续细分为小级别的浪形,以此类推。波浪理论的核心是循环,大周期波浪由小周期波浪组成,过程也是不断循环的。其本质是道氏理论的变形。

艾略特认为,不管是股票还是商品,价格的波动与大自然的潮汐波浪一样,一浪接着一浪,周而复始,具有相当程度的规律性,展现出周期循环的特点,任何波动均有迹可循。因此,投资者可以根据这些规律性的波动来预测股票或商品价格未来的走势。在买卖策略上,波浪理论有如下四个特点:

第一个特点,价格指数的上升和下跌是交替进行的。

第二个特点,推动浪和调整浪是价格波动中两个最基本的形态。而推动浪又可以再细分为五个小浪,一般用1、2、3、4、5浪来表示;调整浪又可以划分为三个小浪,通常用a、b、c浪表示。

第三个特点,在八个波浪进行完毕后,一个循环即完成,走势会进入下一个波浪循环。

第四个特点,时间的长短不会改变波浪的形态,因为市场仍会依照其基本的形态发展;波浪可以拉长也可以缩短,但其基本形态依旧用波浪理论的八浪来解读。

图 2-1 是波浪理论的示意图，下面为大家做详细解读。

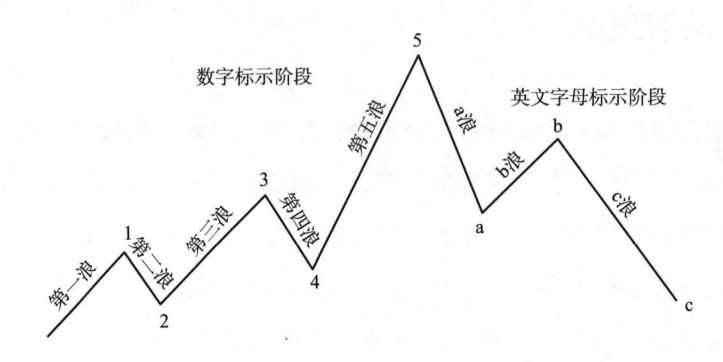

图 2-1 波浪理论基本形态

第一浪，几乎半数以上的第一浪都属于营造底部形态的部分，是循环的开始。因为第一浪的买方力量并不是很强大，因此，在第一浪上升之后出现第二浪调整回落时，其回调的幅度往往比较大，有时候第一浪行情的涨幅通常是五浪中最短的行情。

第二浪，下跌浪，调整下跌的幅度相当大，基本上会吃掉第一浪的升幅。当行情在第二浪接近底部时，市场出现抛售，压力逐渐衰竭，成交量也逐渐缩小，此浪调整才会宣告结束。该浪中经常出现转向形态，如双底。

第三浪，上涨浪，往往是最大、最有爆发力的上升浪。第三浪是最长的，市场投资的信心复苏，成交量大幅上升，出现突破、跳空等情况。而且第三浪的走势非常激烈，非常容易穿破压力，尤其是当突破第一浪的高点时，是最强的买进信号。

第四浪，是行情大幅攀升后的调整浪，形态比较复杂，但是该浪调整的低点一般不会低于第一浪。

第五浪，市场中，该浪的涨幅通常小于第三浪，图形也比较复杂，而且会经常出现失败的情况，但此时市场的情绪仍然是乐观的。

第六浪，a 浪。在 a 浪中，投资者大多认为上升趋势还没有逆转，仅是一个暂时的回调。实际上，a 浪的下跌已经是成交量与价格走势背离或者技术指标的背离。由于此时的市场还比较乐观，大部分投资者还不会察觉趋势的改变。a 浪有时会出现窄幅调整或者震荡，但仍不会改变其下行趋势。

第七浪，b 浪。b 浪是一个上升浪，但表现为成交量不大，是多头的"逃命线"，然而由于是上升行情，很容易让投资者误以为是另一轮上涨的来临，会形成多头陷阱，许多人在此期间容易被套牢。

第八浪，c 浪。c 浪是一段猛烈的下跌浪，跌势比较强劲，跌幅较大，持续的时间也比较长，而且会出现实质性的、全面性的下跌。

由于金融市场的趋势以波浪的形态运行，因此，波浪理论也是一种趋势性的交易方法。这套理论虽然非常流行，但是它有个很致命的问题——千人千浪，难以量化。虽然看似颇为简单，而且容易运用，但实际上每一个上升和下跌浪都包含了许多小浪，大循环中有小循环，小循环中有更小的循环，因此，数浪交迭变得非常繁杂和难以把握。比如，由于推动浪和调整浪经常出现延伸浪的变化，再加之形态的复杂使得对于浪的准确划分更加难以界定，因此，构成了波浪理论实际应用中最大的障碍。所以，在套用时，面对千变万化的市场，必须十分小心。

## 2.3　江恩理论

威廉·江恩是 20 世纪最著名的投资家之一，同时也是期货市场的传奇人物。江恩理论是建立在江恩实战经验之上的一种综合理论，其中包括技术分析内容，也涵盖交易之道。江恩理论认为资本市场中的价格走势并不是杂乱无章的，如同自然界存在着客观规律一样，证券、期货市场同样也有一系列的客观规律存在。因此，江恩理论实质是在看似无序的市场上建立起了严格的交易秩序。这一理论包含的内容极其丰富，包括江恩时间法则、江恩价格法则、江恩线等。下面分别展开介绍。

**1. 江恩的循环周期理论**

江恩将循环按时间划分为三种，分别是短期循环、中期循环和长期循环。其中短期循环有 1 小时、2 小时、4 小时、18 小时、24 小时、3 周、7 周、13 周、15 周、3 个月、7 个月。中期循环有 1 年、2 年、3 年、5 年、7 年、10 年、13 年、15 年。长期循环有 20 年、30 年、45 年、49 年、60 年、82 年、84 年、90 年、100 年。而 30 年循环周期是江恩理论分析的一个重要基础，因为 30 年一共有 360 个月，恰好是 360 度的循环。

10 年循环周期是江恩理论分析的另一个重要基础。江恩认为，10 年周期可以再现市场循环，一个历史低点将出现在一个历史高点的 10 年之后。反之，一个新的历史高点将出现在一个历史低点的 10 年之后。江恩指出，任何一个长期的升势或者跌势都不可能不做调整，持续 3 年以上的趋势，其中必然有 3～6 个月的调整。因此，10 年循环的升势过程，实际上是前 6 年中，每 3 年出现一个顶部，最后 4 年出现最后的顶部。长短不同的循环周期之间存在着某种数量上的联系，如倍数关系或者平方关系，将这些关系用圆形、正方形、六角形显示，便可为正确预测市场走势提供有力的工具。

**2. 江恩的技术分析法则**

江恩技术分析法则主要包括两个：回调法则和江恩波动法则。

（1）回调法则。回调是指价格在主运动趋势中暂时的反转运动。回调理论是江恩理论中重要的一部分，根据价格水平线的概念，50%、63%、100% 这三个回调位置会对价格运动趋势构成强大的支撑或阻力。其中，江恩 50% 回调法是基于江恩 50% 回调或 63% 回调的概念。江恩认为，无论价格上升或下降，价格是在 50% 的位置时经常会发生价格的回调，如果在这个价位没有发生回调，那么，在 63% 的价位上就会出现回调。总之，在江恩的回调理论中价格在 50%、63%、100% 的位置最为重要，它们分别与几何角度的 45 度、63 度和 90 度相对应，可用来决定 50% 的回调带。投资者计算 50% 回调的方法是将最高价和最低价之间除以二，再将所得的结果加上最低价或从最高价减去。当然，价格的走势是难以预测的，我们在预测走势上应该留有余地，实际价格也许会高于或低于 50% 的预测。

（2）江恩波动法则。江恩波动法则中强调倍数关系和分割比例的关系，两种关系可以相互转化。从市场中重要的低位开始计算 1/2、1/4、1/8 的增长水平及一倍、两倍、四倍、八倍的位置，这些极可能成为重要的支撑和阻力。在低位区走势受到 1/8 的阻力时，波动小、时间长、反复走势，一旦有效突破，阻力减少，走势明显加快。在市场的高点，计算 1/2、1/3、1/4 及 1/8 的位置，它们通常是调整的重要支撑。

市场的共振可以产生势，这种势一旦产生，向上或向下的威力极大，从而引发投资者情绪一边倒的情况出现。向上走时，人们情绪高昂，蜂拥入市；向下走时，人人恐慌，纷纷抛盘。江恩将此现象称为价格崩溃。一般下列情况可以引发共振现象：

第一，当长期投资者、中期投资者和短期投资者在同一时间点进行同方向的买入或者卖出时将产生向上或向下的趋势共振。

第二，当时间周期中长周期、中周期和短周期交汇在一个时间点，且方向相同时，会产生向上或向下的时间共振。

第三，当长期移动平均线、中期移动平均线、短期移动平均线交汇在同一价位点，且方向相同时，将产生向上或向下的价格共振。

第四，当 K 线系统、均线系统、MACD 指标、布林线指标等多种指标发出买入或卖出信号时，将产生技术分析指标的共振。

第五，当金融政策、财政政策、经济政策等多种政策在多方面一致时，将产生政策面的共振。

第六，当基本面和技术面方向一致时，将产生较大的共振。

总之，共振并不是随时可以发生，而是有条件的。当这些条件满足时，可以产生共振；当条件不满足时，共振则不会发生。但共振条件满足得越多，共振的威力就越大。

**3. 江恩技术分析指标**

（1）斐波那契数列

斐波那契数列是指1、1、2、3、5、8、13、21、34…，这个数列从第三项开始，每一项等于前两项之和。我们经常使用的斐波那契数列分析技术主要有0.618。不过，这只是市场上一系列比例形式中的一种，是波动法则的主要标签形式之一。当交易者开仓买入时，需要判断它是否还会下跌，为了防止意外的发生，我们会设定一个止损价，但是这个止损价在什么位置最合适，利用斐波那契数列比例来进行判定将会变得很简单。而且斐波那契数列被称为神奇的数字，有时候真的会起到令人惊讶的效果。

（2）江恩分割比例

江恩分割比例是以八为基础，也就是说，这样的分割比例是50%，其次是25%和75%，再然后便是1/8、3/8、5/8及7/8。这样的分割比例并不局限于某一特定区域，它是一种自然法则。这种自然法则是在人们交易过程中被自然遵循，也是人们固定习惯的反应，因此，这种固定习惯不会轻易被打破。

（3）江恩角度线

江恩角度线是从一个重要的历史点位出发，按照一定的角度向后画出多条射线所组成的工具，其中，每一条射线都对应市场价格形成的阻力和支撑位，形成买点和卖点。

(4) 时间分析

江恩的时间理论中有三个重要的时间段，分别是短期、中期和长期，其中短期趋势是 42 天到 49 天，中期趋势是 85 天到 92 天，长期趋势是 175 天到 185 天。

此外，还要注意周年纪念日、趋势运行时间和市场假期三个因素。

周年纪念日：投资者要留意市场中重要的顶部及底部的 1、2、3、4、5 周年之后的日子。在这些日子，经常会出现转势。

趋势运行时间：投资者要特别留意，在市场重要顶部或底部之后，可能会出现市场逆转。

市场假期：江恩认为市场的趋势逆转通常会恰巧发生在假期的前后。

## 2.4 K 线 图

K 线图是交易者最常见的图形，期货中的 K 线，与其他市场的 K 线表示的形态基本一致，都是红色表示上升，绿色表示下跌，实体部分由开盘价和收盘价的价差组成。K 线图可以分为分钟 K 线、日 K 线、周 K 线、月 K 线和年 K 线等多种。此外，我们着重以日 K 线为例进有很多投资者喜欢研究和分析 K 线行情，这样做的意义在于根据 K 线的不同形态去预测行情以后的走势，为接下来的交易提供依据。因此，K 线图的分析也成为最常见的一种指标分析方式。这里着重以日 K 线为例进行分析，对有关其的一些经典图形进行详细讲解。

### 2.4.1 影　线

图 2-2 和图 2-3 中各有一根带有很长下影线的 K 线（圆形框内），且

一根是阳线，一根是阴线。当出现这种图形时，通常认为是一种见底的信号，后市看涨。因为这种图形意味着价钱跌到了一个很低的位置，然后又往上拉伸，而且拉伸的幅度比较大，意味着上涨的动能较大，空头趋势衰竭，多头建仓的时机来临。

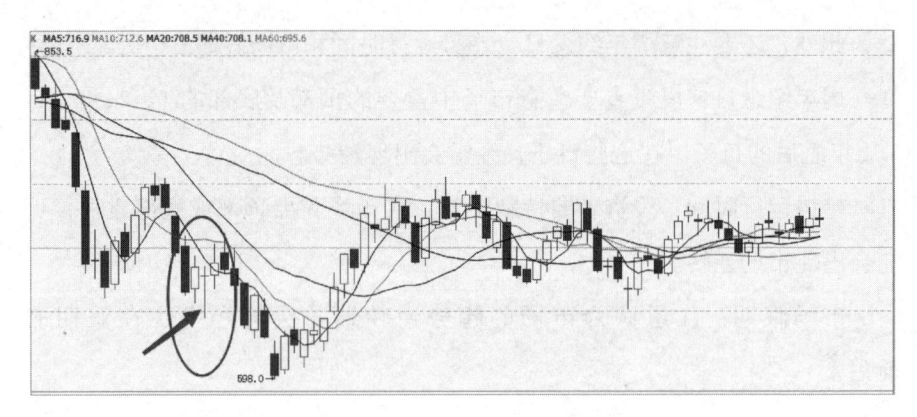

图 2-2　长下影线 K 线图形 1

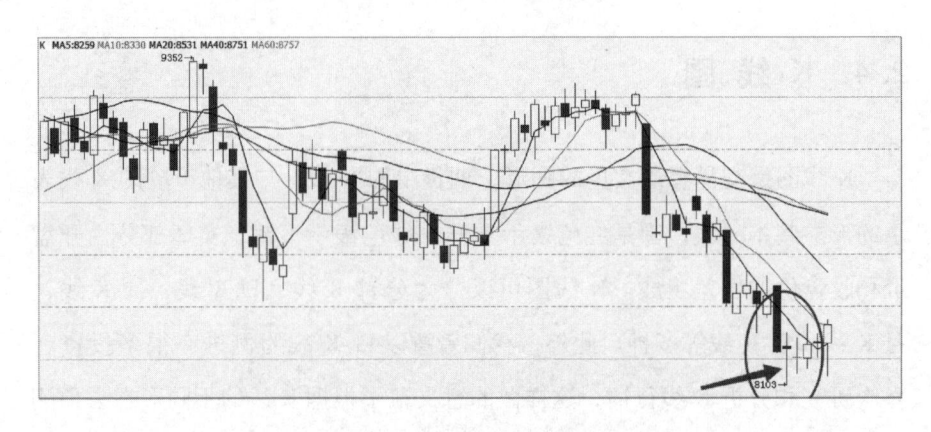

图 2-3　长下影线 K 线图形 2

图 2-4 和图 2-5 中 K 线的上影线都很长（圆形框内），这代表的含义是下跌信号，表示行情已经冲到了最高，多头力量衰竭，下行的动力越来越强，是空头建仓的好机会。

这两种长下影线和长上影线的 K 线图形，常被投资者用来判断底部和顶部的趋势反转。

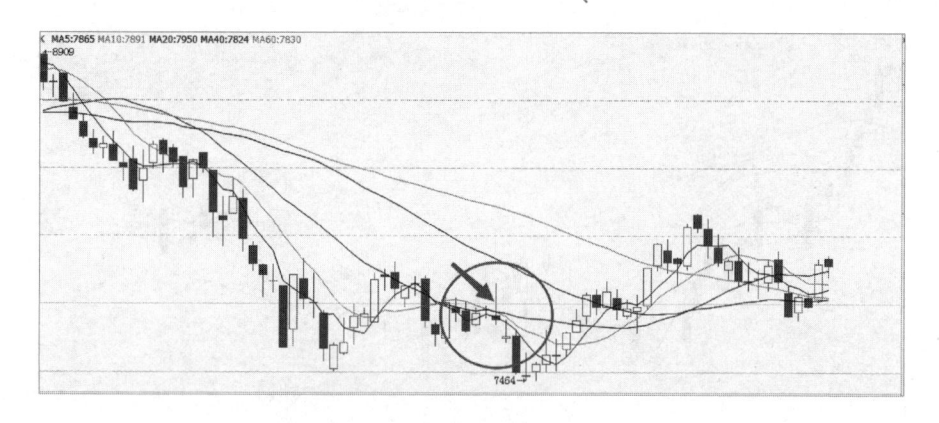

图 2-4　长上影线 K 线图形 1

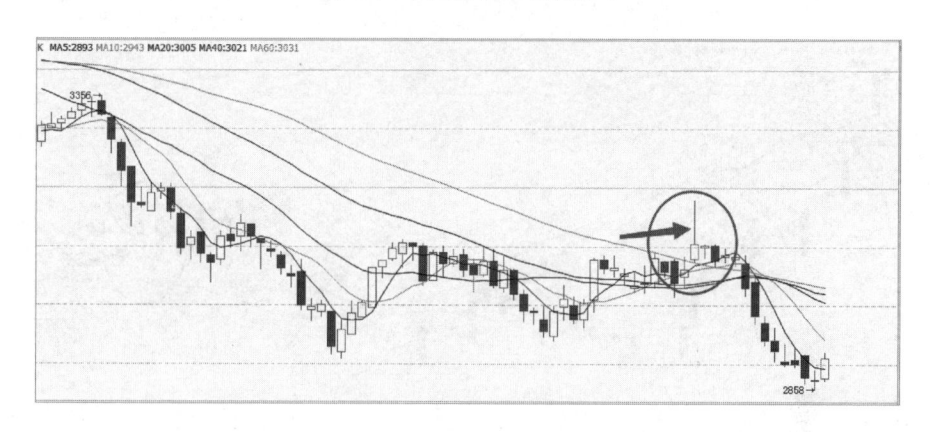

图 2-5　长上影线 K 线图形 2

## 2.4.2　光头光脚 K 线

图 2-6 和图 2-7 中的 K 线分别是一条大阴线和一条大阳线，但是都没有上、下影线（圆形框内），有的上、下影线很短，这种被称作光头光脚 K 线。其中光头光脚大阴线代表空头的势力很强大，多头没有丝毫的反抗能力，行情一直往下，未来的趋势也大概率是持续往下走。光头光脚大阳线刚好相反，代表多头的势力很强大，空头没有什么力量，行情仍然看涨。这两种形态往往代表空头或者多头的力量仍然在持续加强，有进一步形成趋势的可能。

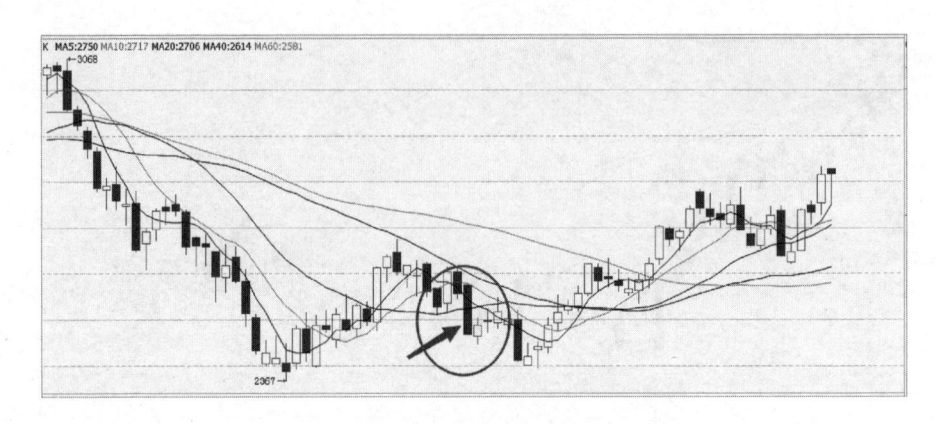

图 2-6 光头光脚大阴线

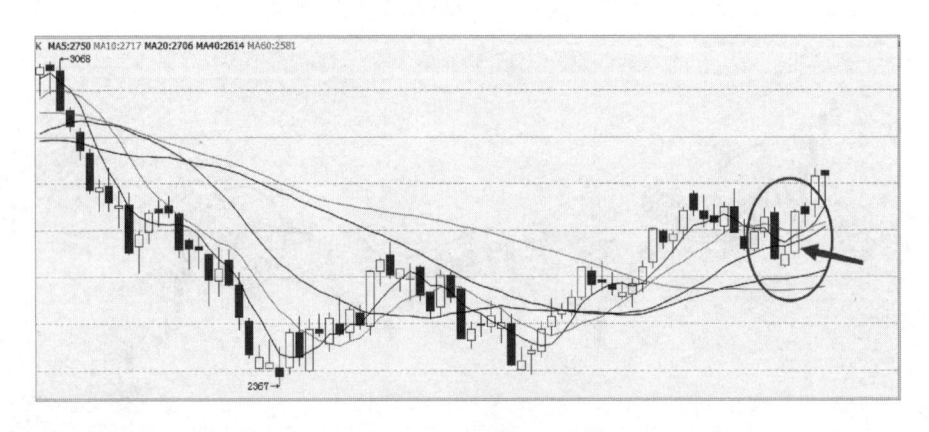

图 2-7 光头光脚大阳线

## 2.4.3 乌云盖顶

在图 2-8 中,阳线是一个上涨趋势,接着出现了一根大阴线向下插入(圆形框内),这是一个强烈的见顶信号,也就是我们常说的乌云盖顶,代表多头被空头强力打压,退回到了开盘价以下,预示着趋势已经发生了改变,多头应该离场,后市下跌的概率较大。乌云盖顶图形形成的过程:当价格经过一波上涨行情之后运行到高位区域时,收出一根上涨的大阳线,紧接着第二天价格出现大幅高开,但在开盘之后出现大量卖盘,而此时买盘却不是很积极,故而在卖盘不断涌出的情况下价格开始一路走低,截至收盘时，价格收在前一天的收盘价以下，收出一条大阴线，乌云盖顶形态由此形成。标准的乌云盖顶是前面收出的那根大阳线不带上下影线，说明当天的开盘价就是当天的最低价，当天的收盘价就是当天的最高价。而在第二天收出的大阴线也是不带上下影线的，当天的开盘价就是当天的最高价，当天的收盘价就是当天的最低价。

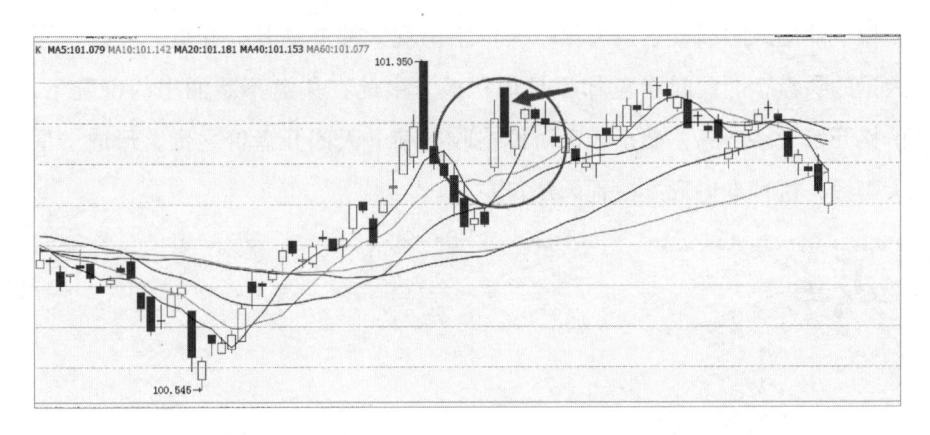

图 2-8　乌云盖顶形态

变异的乌云盖顶是前面收出的大阳线可以稍微带有上、下影线，后面收出的大阴线也可以稍微带有上、下影线，而且收出大阴线时的收盘价可以收在前一天的大阳线之上。通常情况下，变异的乌云盖顶与标准的乌云盖顶具有同样的市场意义。当然，变异的乌云盖顶形态对市场的预测信号没有标准的乌云盖顶那么强烈。

如果前一天出现的是一根开盘就涨停的一字线，第二天出现了一根长长的大阴线，这是一种特殊的乌云盖顶形态，同样预示后市价格将会出现下跌的行情。

出现乌云盖顶表明买方已经明显失去了主动权，买方力量逐步衰退，同时卖方的力量在逐步增强，该形态表示后市价格即将出现下跌的行情。若乌云盖顶形态出现在价格长期上涨的高位区域，这往往预示着主力即将出货，后市价格必将会出现大幅度下跌的行情。如果乌云盖顶形态出现在价格阶段性反弹的高点，则预示着反弹动力开始萎缩，后市价格至少会出现回落，甚至会引发新一轮的下跌行情。

### 2.4.4 旭日东升

在图2-9中，当价格经过一波下跌行情之后运行到低位区域时，收出一根下跌的大阴线，紧接着第二天价格出现大幅度高开，开盘之后出现了大量的买盘，而此时卖盘却不是很积极，由此在买盘不断涌出的情况下，价格开始一路走高，截至收盘时价格收在前一天的开盘价之上，形成一根大阳线，这种走势形态被称为旭日东升。

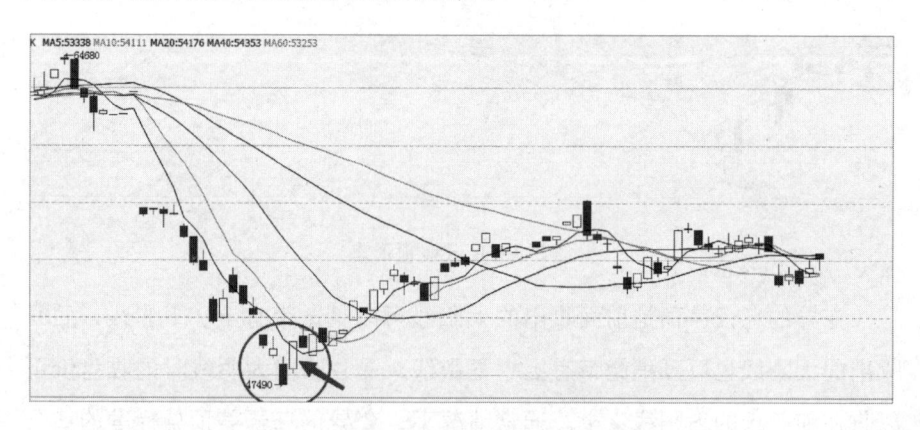

图2-9 旭日东升形态

旭日东升形态通常出现在下降趋势的末端，这种走势预示着前景光明、后市看好。旭日东升形态与看涨包线有些类似，差别在于第二天大阳线开盘价的位置不同。仅从K线组合来看，该形态是市场开始时处于下降趋势，一根大阴线再度强化了卖方市场的气氛，第二天买方奋起反抗，形成高开盘，取得了一个良好的开局，之后买方力量进一步发展壮大，致使价格一路走高，并收复了前一交易日失去的所有跌幅。

旭日东升形态反映了卖方动能逐渐衰竭后买方强势出击并最终战胜卖方的过程。第二天的阳线实体越长，即收盘价超越前一天阴线的开盘价越多，市场反转的潜力越大，如果第二天阳线对应的成交量有效放大，则该形态反转的可靠性更强。

### 2.4.5 包线组合

从图 2-10 可以看到，阳线明显地全部覆盖了前一天的阴线（圆形框内），这称为阳包阴，是一种明显的上升信号，代表趋势的反转，由空头转为多头，多头热情正在上升，接下来可能会出现一波涨势。

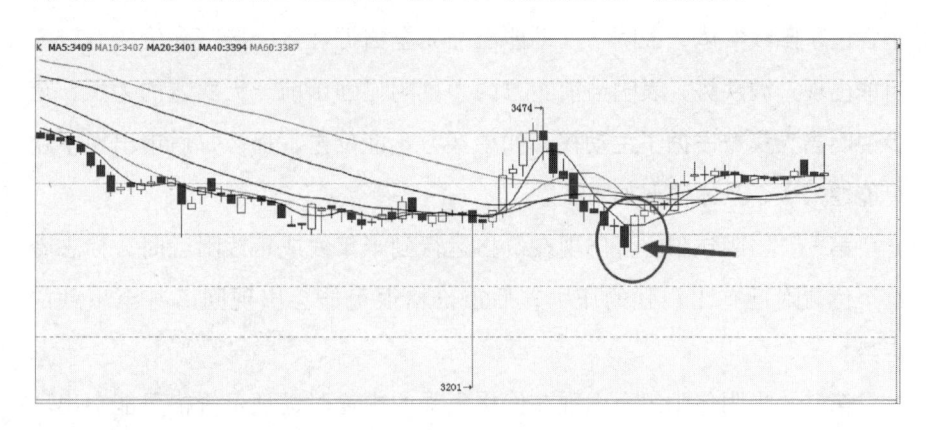

图 2-10 包线组合之阳包阴

从图 2-11 中可以看到一条大的阴线完全覆盖了左边的阳线，这称为阴包阳（圆形框内），代表空头的力量正在加强，已经超越了多头，是一个由多转空的信号。

图 2-11 包线组合之阴包阳

包线组合是常见的一种K线组合形态，它出现在不同的市场位置往往有着不同的含义，通常是价格运行趋势的一个很重要的转折信号。因此，投资者对这种形态要充分掌握。

阴包阳组合出现在上涨趋势中，由两根K线组成。第一根K线是实体较小的阳线，第二根K线是实体较长的阴线，且这根阴线的实体将前一根阳线的实体从上到下全部包含。其是强烈的看跌信号，形态中阴线实体完全吞没了阳线实体，说明下跌动能已经完全占据优势，接下来价格有较大可能出现一波跌势，表明当前卖方的力量明显强于前一天卖方的力量，至少说明当天卖方占据了主动权，如果买方不能反击，那么，后市出现下跌可能性很大，具体情况如下：

第一，当阴包阳组合出现在价格运行到半年线或年线附近时，标志着这个位置附近有比较强的压力，后市价格很可能会出现回落甚至下跌的走势。

第二，当阴包阳组合出现在价格上涨的中途时，预示价格可能会出现回落整理走势，但一般不会改变价格原有的运行趋势。

第三，当阴包阳组合出现在价格经过长期上涨之后的高位区域时，则标志着买盘出现了明显的衰退，后市价格出现下跌的可能性相当大。

### 2.4.6 孕线组合

孕线是K线形态中转折组合的一种，包线组合中是第二根K线完全包含第一根K线，而孕线则恰好相反，它的第一根K线把第二根K线完全包含。关键的孕线组合大致可以分成三种：孕育阳线、孕育阴线和孕育十字线。

**1. 孕育阳线**

价格在运行的过程中收出一根上涨的大阳线，但是在紧接着的第二天价格并没有延续前一天的强势，而是在开盘时出现大幅度低开，但是开盘价要高于前一天的开盘价。开盘之后买盘比较积极，价格出现了回升，但是在回升过程中不断有卖盘涌出，多空双方经过一天的争夺之后，虽然价格最终出现了回升，但截至收盘时，价格还是没能收复至开盘时的价位，最终收在前一天的收盘价之下，以一根低开高走的阳线报收。这根阳线的实体部分全部都是处于前一天的大阳线实体之内，这种形态的 K 线组合被称为孕育阳线，如图 2-12 所示。

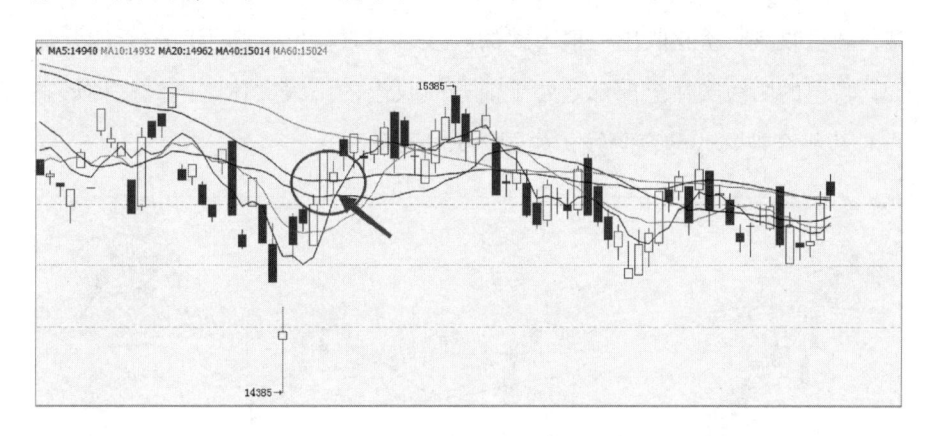

图 2-12　K 线组合之孕育阳线

值得注意的是，当盘面上出现这种形态时，第一天的阳线和第二天的阳线都可以带有上下影线，但标准的孕育阳线是不带上下影线的，不过，在一般情况下，有无上下影线的市场意义差别不大。

从孕育阳线组合的形成过程可以看出，价格在第二天的运行过程中买方力量出现了明显的衰退，如果在接下来的一两天内买方的力量不能转强，那么，后市价格必将出现反转下跌的走势。这种形态出现在价格不同位置时所代表的市场意义会有所不同，具体如下：

一是当孕育阳线出现在价格上涨的中途时，标志着价格的上涨动力减弱，预示着价格很有可能会出现回落甚至是下跌的行情。

二是当孕育阳线出现在价格长期上涨的高位时，则标志着价格出现了严重的滞涨，后市价格出现下跌的可能性极大，这往往是价格即将大幅下跌的前兆。

### 2. 孕育阴线

价格在运行的过程中收出一根上涨的大阳线，但是在紧接着的第二天价格并没有延续前一天的强势，而是在开盘时出现大幅低开，但开盘价要高于前一天的开盘价。开盘之后盘中不断有卖盘涌现，价格在卖盘的压制下出现走低，虽然在这个过程中买盘时常反击，但最终没能战胜卖盘的压制，截至收盘时价格收出一根下跌的阴线，但收盘价要高于前一天的开盘价，收出的阴线实体全部都是处于前一天收出的阳线实体之内。这种形态的 K 线组合被称为孕育阴线，如图 2-13 所示。

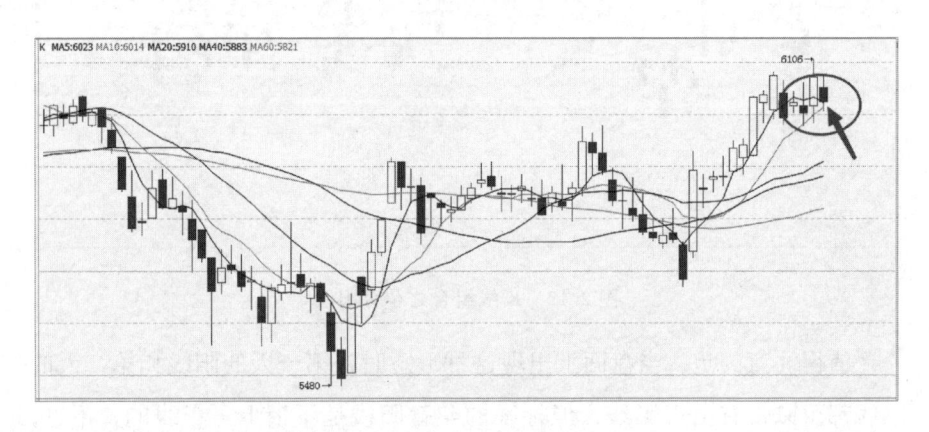

图 2-13 K 线组合之孕育阴线

在孕育阴线的形态走势中，价格在当天的运行中也会出现快速冲高或者快速下挫的走势，但当价格快速冲高之后会受到抛盘的压制而出现回落，同样，当价格下挫到一定程度之后买盘也会反击把价格拉起，当天价格基本维持在前一天阳线实体之内运行。

我们仅从孕育阴线的形成过程就可以看出，价格在第二天的走势出现了明显的滞涨现象，第二天买盘出现了严重的衰退，否则价格理应承接前一天的强势继续向上走高才对。因此，当价格在运行的过程中出现孕育阴线形态时标志着价格上涨动力不足，后市价格很有可能会出现回落甚至下跌的走势。这种形态出现在价格不同位置时所代表的市场意义有所不同，具体如下：

一是当孕育阴线出现在价格处于下跌通道中的反弹过程中时，则标志着反弹力度出现衰竭，后市价格将会出现继续下跌的走势。

二是当孕育阴线出现在价格运行到半年线附近或者是年线附近时，则标志着这个位置附近有比较大的压力，如果在出现这种形态之后买方不能快速反击，则后市价格将会出现回落甚至是下跌的行情。

三是当孕育阴线出现在价格长期上涨的高位区域时，投资者需要注意，这往往是价格出现大幅下跌的前兆。

### 3. 孕育十字线

在价格运行的过程中收出一根上涨的大阳线，第二天大盘以低于前一天的收盘价开盘，但第二天的开盘价要高于前一天的开盘价。开盘之后多空双方展开了激烈的争夺，价格在分时走势图上呈现出上下来回震荡的走势格局。当价格向上震荡到一定程度时会有大量的卖盘涌出来压制价格的上涨，而当价格向下震荡到一定程度时，盘中也会出现买盘封住价格的下跌空间，截至收盘时收出一根十字线的形态。

出现十字线当天价格的最高价可以高于前一天的收盘价，同时最低价也可低于前一天的开盘价，只要当天的收盘价等于当天的开盘价，这种形态的 K 线组合就是孕育十字线，如图 2-14 所示。

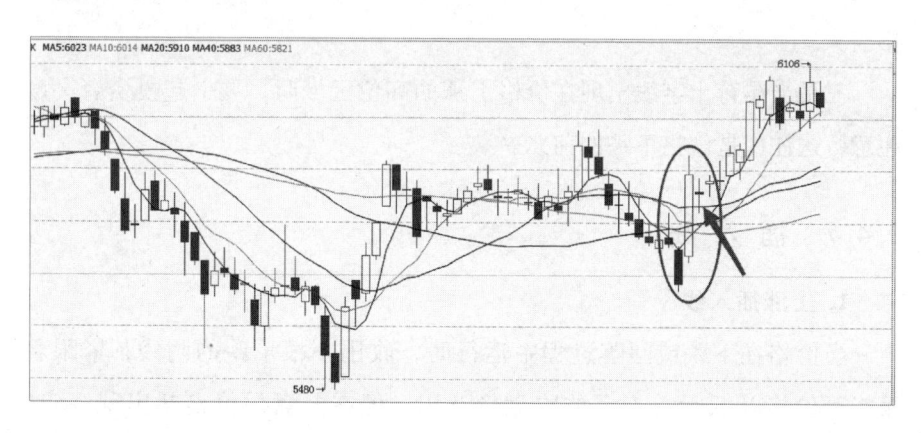

图 2-14　孕育十字线

孕育十字线是一种比较特殊的市场形态，往往出现在价格长期下跌的低位或者价格长期上涨的高位区域，具有预测市场反转的意义，但在价格上涨的中途或者是下跌的中途也会出现这样的组合，不过这种中途位置的孕育十字线通常不会改变价格原有的运行趋势。

仅从孕育十字线组合形成过程来看，虽然价格在第二天的运行中买方与卖方出现了激烈的争夺，但最终打成平手，相对于前一天的强势来讲，买方的力量出现了明显的衰退，如果买方不能快速反击，那么，后市价格出现回落甚至是下跌行情的可能性极大。这种形态出现在价格不同位置时的市场意义也不一样，具体如下：

一是当孕育十字线出现在价格长期下跌的低位时，标志着买盘在转强，虽然在出现十字线的当天，买方的力量较前一天有所减弱，但是如果在接下来的第二天价格能够继续走强，那么，后市价格出现上涨的可能性相当大。

二是当孕育十字线出现在半年线或者是年线附近时，则表明这个位置附近有一定的压力，如果买方不能很快反击，后市价格很有可能会出现回落甚至是下跌的走势，但如果买方在第二天或者是在接下来的两三天内能够向上发力，那么，后市价格继续向上运行的可能性就相当大。

三是当孕育十字线出现在价格上涨的高位区域时，要引起投资者高度注意，这往往是价格下跌的前兆。

## 2.4.7 插 入 线

**1. 上涨插入线**

当价格在下跌或回落过程中运行时，收出一根下跌的阴线，紧跟着第二天价格以低于前一天的收盘价开出，但在开盘后价格却出现高走，并逐步向上攀升，在价格攀升的过程中买盘比较积极，与此同时，卖盘却在不断衰退，截至收盘时收出一根上涨的阳线，并且这根阳线的实体深深地插入前一天收出的阴线之中,这种形态就是上涨插入线,如图 2-15 所示。

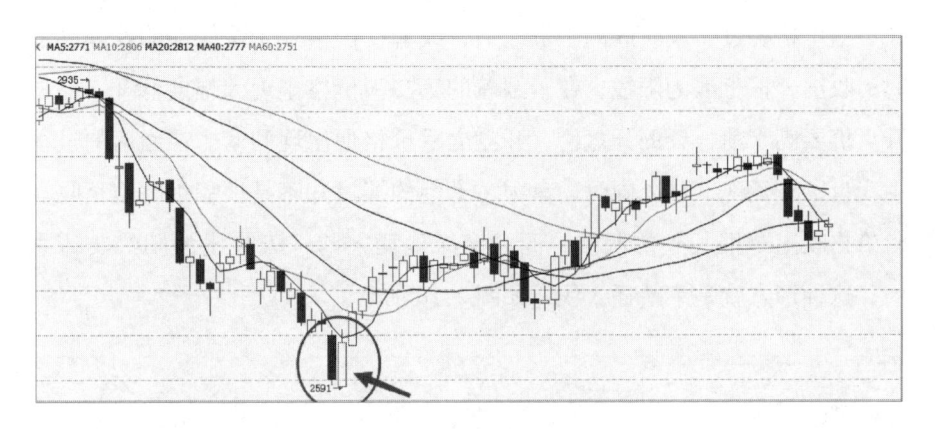

图 2-15 上涨插入线

上涨插入线表明在市场下跌、动能急剧释放的同时,上涨动能突然而至并占据上风,之后价格有较大可能出现一波上涨走势,但其可靠性不如看涨包线组合。投资者一旦见到该形态要引起注意,一旦后市价格继续上涨,应短线买入。毕竟,它出现在一波较长时期的价格跌势过程中,往往是见底的信号,阳线实体高出阴线实体部分越多,转势信号越强。

当然,位置不同,上涨插入线的市场意义也有所不同,具体如下:

一是当上涨插入线出现在价格经过长期下跌之后的低位区域时,则标志着买盘在转强,而卖盘却明显走弱,预示着后市价格出现反弹甚至反转的可能性极大。

二是上涨插入线出现在价格上涨的中途时,预示着价格将会继续向上运行,这往往是主力洗盘导致的。

三是当上涨插入线出现在价格经过长期上涨的高位时要特别注意,这往往是主力出货时的最后挣扎。出现这种上涨插入线之后的第二天,开盘之后价格会出现一路走低的现象,收出一根下跌的阴线,这根大阴线的出现标志着前一天出现的上涨插入线失去了看涨的意义,这是本质上的区别。

**2. 下跌插入线**

当价格经过一段时间的上涨之后,或者在价格处于阶段性的反弹高点时,收出一根上涨的阳线,在紧跟着的第二天价格出现大幅度低开,但是开盘价要高于前一天的开盘价,开盘之后价格便出现回落。在回落的过程中卖盘不断涌现,与此同时,盘中主动性的买盘却不是很积极,截至收盘时价格收出一根长长的阴线,而且深深地插入前一天收出的阳线实体之中,这种形态就是下跌插入线,如图2-16所示。

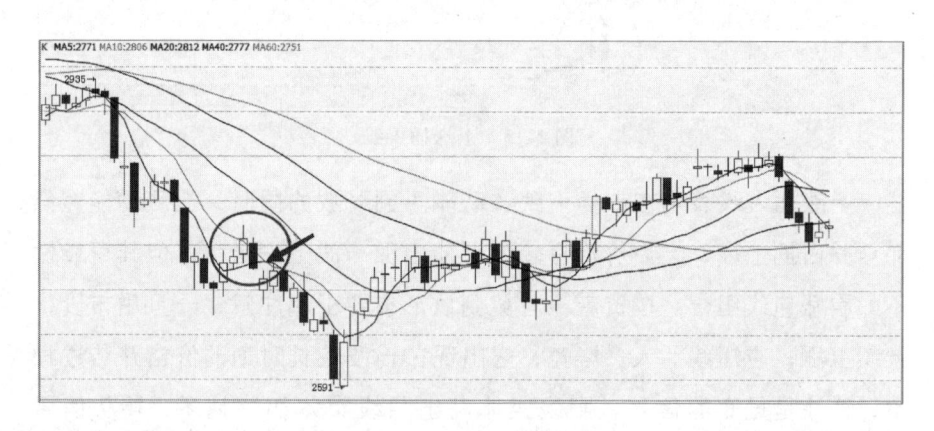

图2-16 下跌插入线

下跌插入线又被称为倾盆大雨,出现在一波上涨过程中往往是见顶的信号,且看跌意义更强于乌云盖顶,其阴线实体高出阳线实体部分越多,转势信号就越强。

出现下跌插入线,预示着后市价格将会出现下跌或者是回落的行情。但是当它们出现在价格运行的不同位置,或者是出现后盘中所表露出来的迹象不一样时,它们所代表的市场意义不同。

下跌插入线一般出现在价格上涨的高位区域或者是在价格反弹之后的阶段性高位,很少出现在价格上涨的中途。若是下跌插入线出现在价格经过长期上涨的高位区域时,或者是出现在价格反弹的阶段性高点时,则往往预示着后市价格即将出现大幅下跌。对于下跌插入线，在实际操盘的过程中，要掌握以下一些技术要点：

一是如果在下跌插入线之前价格已经创出了一次新高，而当价格第二次向上拉升运行到这个新高附近时无法发力突破这个新高，此时价格就会回落，并最终出现下跌插入线，那么，可以确定此时主力已经在出货，后市价格必将会出现一波下跌行情。

二是在出现下跌插入线组合的第一天，价格收出阳线时成交量迅速放大，而且在当天的运行中价格出现了快速回落之后才被大手笔买单拉起，最终收出阳线走势，在当天价格回落的过程中主动性卖单比较多。而在出现下跌插入线当天收出阴线的过程中却不断有大手笔的买单挂在买三、买四处，但是每当价格下跌到这个价位附近时，这些大买单又会很快被撤掉，并调低几个价位后再次挂上去。

三是有些行情在出现下跌插入线后会维持震荡几天，但在震荡的过程中会明显出现卖盘远远大于买盘的现象，而且也时常会有大手笔的大买单挂在买二、买三处，但价格经过一段时间的震荡后不但没有出现向上突破的走势，反而突然向下破位，并跌破这个震荡平台。当价格运行到高位区域出现下跌插入线时，在盘面又出现了以上这些特征，此时就可以断定是某些力量在出货，后市价格必将出现下跌行情。

### 2.4.8 K线跳空

K线跳空分为向上跳空和向下跳空两种。

**1. 向上跳空**

当价格处于明显上升或在价格底部反转过程中时，在某一天突然以高于前一天的最高价开盘，从而在前一天的最高价与当天的收盘价之间形成了一个缺口，并且在价格全天的运行中该缺口始终没有被填补，或者是没有被完全填补，将其称为向上跳空缺口，形成的这种形态的K线被称为向上跳空，如图2-17所示。

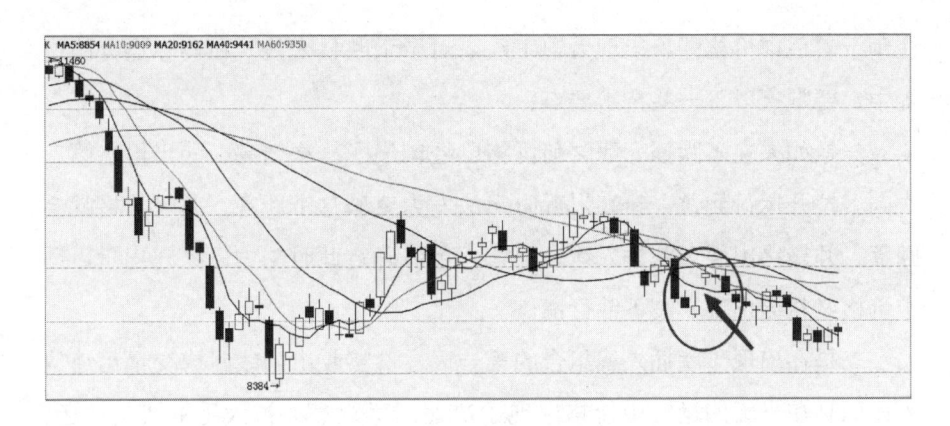

图 2-17　向上跳空形态

标准的向上跳空形态是由两根不带上、下影线的阳线所组成的，这也就意味着，前一天价格收出的是一根上涨的阳线，而后一天收出的也是一根阳线，并且在这两天的走势中，价格当天的开盘价是当天的最低价，而当天的收盘价就是当天的最高价。

变异的向上跳空形态中，前后两天的 K 线都可以带有上下影线，但必须在前一天的最高价和后一天的最低价之间留有缺口，其和标准的向上跳空形态具有同样的市场意义，只不过发出来的信号要比标准的向上跳空稍微弱一点。

有人问：如果价格前一天收出的是一根阴线，或者后一天收出的是一根阴线，乃至两天收出的都是阴线，那么这种形态算是向上跳空吗？只要它们之间当天留下的缺口没有被回补，或者是没有被完全回补，就算是向上跳空形态。

变异的向上跳空形态的市场预测信号比较弱，特别是在两天都是收出阴线的情况下。从这种形态的形成过程中可以看出价格在第二天的运行中买方力量明显要强于卖方力量。如果这种形态出现在价格长期下跌的底部区域，那么这标志着后市价格出现反弹的可能性相当大。如果这种形态出现在价格上涨的中途，那么，往往是价格进入加速拉升的前兆。

向上跳空形态代表当天买方力量在开盘时完全占据了上风，这种形态经常是出现在价格处于明显的上涨行情中,但有时也会出现在价格经过长期下跌之后刚向上启动的时候。向上跳空行情在不同的位置代表不同的预示,具体如下:

一是年线附近出现的向上跳空 K 线通常是一个很好的长线投资介入点。

二是向上跳空 K 线出现在长期上涨后的高位区域。如果这种向上跳空的形态出现在价格长期上涨的高位区域时,投资者就要注意了,这往往是某些力量故意拉高价格来引诱投资者接盘,从而达到出货的目的。

**2. 向下跳空**

价格在运行的过程中,突然在某一天以低于前一天的最低价格开盘,并且在开盘之后开始一路下跌,虽然在当天的运行中价格出现过冲高的走势,但最终还是没能回补开盘时所留下来的缺口。价格在开盘之后卖方完全占据了主导,在整天的运行中买方虽然反击过,但最终还是无济于事。价格在当天的分时走势上呈现出震荡下跌的走势,如果抛盘很严重,价格会呈现单边下跌的走势。出现向下跳空的前一天,价格收出的 K 线可以是阳线,也可以是阴线,只要价格是在第二天的走势中低于前一天的最低价格开盘,并且最终截至收盘时留下一个向下的缺口,都是向下跳空形态,如图 2-18 所示。

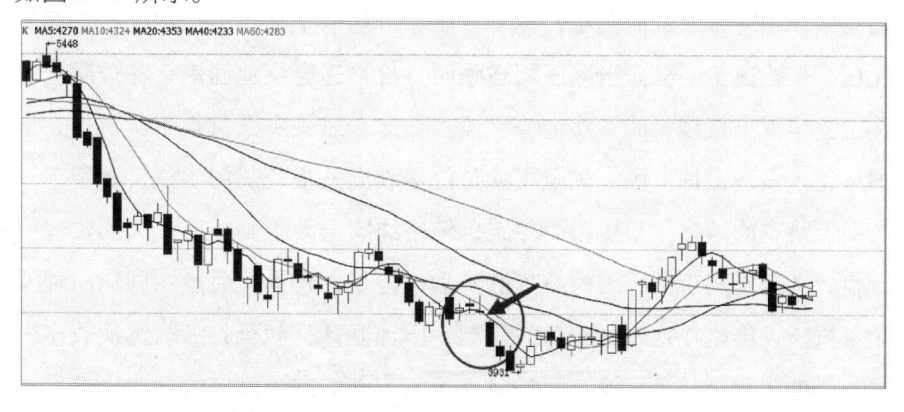

图 2-18 向下跳空形态

当然，出现向下跳空的前后两天收出的 K 线都可以带有上下影线，而且第二天价格可以大幅低开，然后开盘后出现高走并且收出一个不带上下影线的阳线。只要截至当天收盘时盘面上留下了一个缺口没有被回补，这样的形态同样是向下跳空。

向下跳空形态出现在价格运行的不同位置时有不同的市场预示，具体如下：

一是当向下跳空的走势形态出现在价格长期上涨的高位区域时，标志着买盘明显衰退，而卖盘却在明显转强，这预示着后市价格出现下跌的可能性极大。

二是当向下跳空的走势出现在价格下跌的过程中时，标志着盘中出现了恐慌性抛压，这预示着后市价格出现加速下跌的可能性相当大。

三是当在上涨中途或是洗盘的过程中出现向下跳空的形态，但之后价格很快出现回升或者是逐步回升，在这种情况下，一般是不会改变价格原有的运行趋势的。

**3. 向上跳空两只乌鸦**

向上跳空两只乌鸦形态一般出现在价格经过长期上涨的高位区域或价格上涨的阶段性高位，是一种看跌的市场形态。

当价格经过长期上涨之后突然在某一天里大幅高开，但是在高盘开出后盘中即出现了大量的抛压，不断打压着价格的上涨动力，在这些卖盘的抛压下价格逐步回落。当抛压相当强时，价格还会快速回落，在分时走势图上会呈现出直线式的下跌走势。虽然在这个过程中买盘也不断反击，但最终还是没能占据上风，截至收盘时价格收出一根长长的阴线，并留下一个向上跳空的缺口。紧接着第二天，价格继续以大幅高于前一天的收盘价开盘，甚至是高于前一天的最高价开盘，但是在开盘之后盘中同样出现了大量抛压，价格在这些抛压盘的压制下出现回落，截至收盘时再次收出一根长长的阴线，并且也没有回补前一天留下来的向上跳空的缺口。这种走势的 K 线形态称为向上跳空两只乌鸦，如图 2-19 所示。

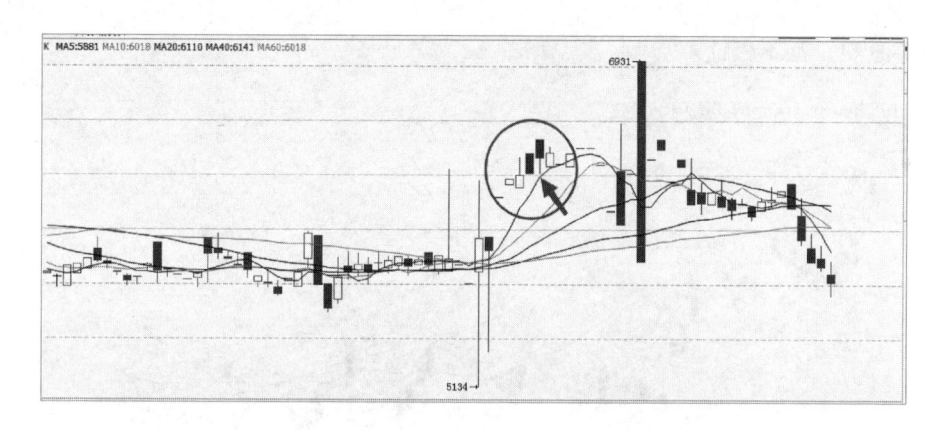

第 2 章　期货常用分析技术与指标解读

图 2-19　向上跳空两只乌鸦

值得注意的是，出现的这两根阴线都可以带有上下影线，只要第一天向上跳空的缺口没有被回补，便将其称为向上跳空两只乌鸦。当然，标准的向上跳空两只乌鸦是不带上下影线的，而且这两天的收盘价都一样。无论是否带上下影线，它们都具有同样的市场意义，只不过是标准的向上跳空两只乌鸦的信号更强一些。

虽然价格出现大幅高开，但开盘后价格受到强大的卖盘抛压，买方在逐步衰退。因此，出现这种形态一般是价格下跌的前兆，而这种形态往往出现在价格大幅上涨的高位或者是阶段性高位。向上跳空两只乌鸦形态处于关键位置的市场意义，应引起投资者重视，具体如下：

一是当这种形态出现在价格上涨的高位区域时，标志着卖盘明显增加而买盘却在不断衰退，预示着后市价格即将出现下跌。

二是当这种形态出现在价格运行到半年线或是年线附近时，则标志着这个位置附近有很大的阻力，后市价格出现回落甚至下跌的可能性相当大。

## 2.4.9　十字星

十字星是一种特殊的 K 线形态，它表示某一时间段内开盘价与收盘价相同，形态上为一条直线，如图 2-20 所示。此形态的出现说明多空双方争夺激烈，互不相让。

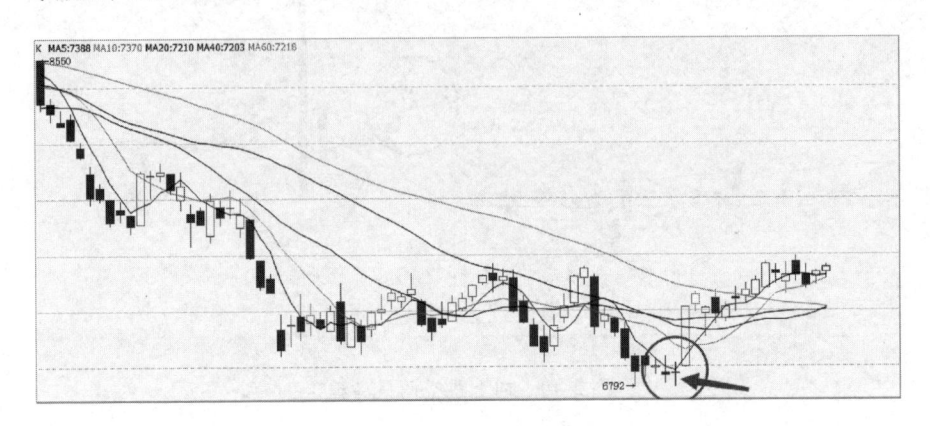

图 2-20　十字星

十字星有几种不同的构成形式，有的十字星上下影线差不多长；有的上影线长，下影线短；也有下影线长，上影线短。当上下影线差不多一样长的时候，代表多空力量相当，后市的涨跌还需要进一步观察。当下影线较长的时候，代表多头力量比较强劲，上涨动能比较强。如果上影线较长，说明空头力量比较强劲，多头力量在慢慢减弱。

此外，上下影线越长，表示多空双方争夺越激烈；行情一旦确认，价格的趋势发展时间也会越长。

十字星通常有两种作用：确认行情和确认反转。其中确认行情时被称为整固十字星，确认反转时被称为反转十字星。反转十字星的规模比整固十字星大，上下影线较长，故又称长十字星，多出现在顶部。整固十字星形态较小，上下影线较短，故又称短十字星，多出现在趋势中部。

长十字星的技术特点如下：

长十字星常出现在关键的技术点位，具有特殊的分析意义。

长十字星出现预示着激烈搏杀后的多空双方暂时处于平衡状态，面临方向选择。

操作要点：长十字星是典型的转势信号，投资者首先要结合阶段性特点确定它的技术含义,如果出现在头部阶段,表明某些大资金出货的力度很大,且已告一段落,暂且休整,静观方向,此时,投资者千万不可因为下影线很长就认为支撑力度很强,应当保持观望的态度。如果出现在拉升的途中,则是中继信号,也是日内洗盘的特征。如果出现在底部区域,说明下档支撑有力,预示着吸筹艰难,接下来即将拉升一段,加大进货力度,此时投资者可以积极狙击,逢下影线买进。

短十字星的技术特点如下:

短十字星的技术含义和长十字星基本相似,只是力度稍弱而已。

短十字星的上下影线都很短,表示多空双方都难以发起力度强大的攻击。

短十字星的出现,预示着股价进入短期的整理阶段,有待选择方向。

操作要点:如果头部出现短十字星,表明当前趋势不明朗,多空双方都不愿大动干戈,在操作上已经买入的投资者可以继续谨慎持有,尚未买入的投资者不必急于介入。如果出现在底部区域,表明下跌的动能已经衰竭,底部就在眼前,但是,不必急于介入,要提防空头急速下杀,做最后挣扎。如果出现在拉升初期,或者出现在关键的技术点位,表明整理基本结束,有望继续原来的趋势。

## 2.4.10 红三兵和黑三兵

**1. 红三兵**

红三兵是指价格在运行的过程中收出一根上涨的阳线,之后在第二天和第三天依次收出两根连续上涨的阳线,并且每一天的最高价都要高于前一天的最高价,且每一天的收盘价也都高于前一天的收盘价。大盘在每天开盘之后出现了积极的买盘,不断把价格推高,同时,价格上涨过程中很少有抛压出现,价格在分时走势图上的走势非常畅通,连续收出三根上涨阳线,形成红三兵 K 线形态,如图 2-21 所示,表示趋势正在反弹和上升,后市上涨概率较大。

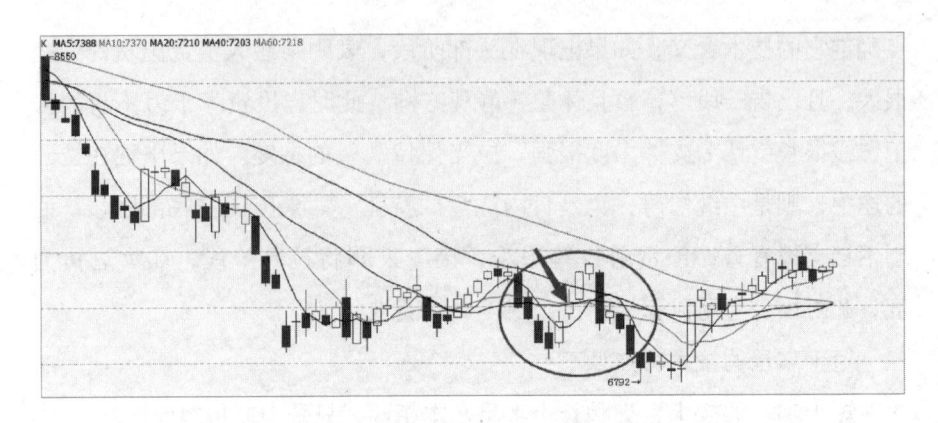

图 2-21　红三兵

在标准的红三兵形态中，收出的三根阳线都是不带上下影线的，并且第二天和第三天价格都是向上跳空高开。

在价格上涨的过程中会经常出现红三兵组合。大部分情况下，红三兵的出现都象征着买盘强劲，价格上涨动力充足，但价格能够继续向上走多远要根据盘面上的实际动态来决定了，并且当它出现在价格不同位置时，所代表的意义也会有所不同，具体如下：

当红三兵组合出现在价格长期下跌之后的低位时，标志着买盘明显转强，预示着后市价格出现反弹甚至反转的可能性相当大。

当红三兵组合出现在价格的低位区域并经过充分整理时，预示着后市价格即将进入加速拉升的行情。

当红三兵组合出现在价格上涨的中途时，标志着买盘出现了明显的转强，后市价格很有可能会进入加速拉升的阶段。

当红三兵组合出现在价格经过长期上涨之后的高位区域时，投资者要特别小心，因为它往往是价格上涨的尾声，标志着价格即将迎来一波下跌行情。

当红三兵组合出现在价格运行到重要技术压力位时，如 60 日均线、半年线及年线附近时，则预示着买方意志很坚定，后市价格将会继续向上运行。

## 第 2 章 期货常用分析技术与指标解读

**2. 黑三兵**

黑三兵是指价格经过一轮大幅度的上涨，特别是在高位区域价格走出一波加速拉升后，紧跟着买方的动能出现了衰竭，价格随后出现明显的滞涨现象。在价格滞涨的过程中不断有主动性的卖盘抛出，但在大部分情况下，这些抛盘不会蜂拥而出，而是逐步向外抛售。因此，价格在这个过程中会逐步回落，收盘时收出一根下跌阴线，并在接下来的两天里价格继续下跌，最终收出三根逐步下跌的阴线。

黑三兵的出现预示着后市看跌意味深重，投资者要注意及时离场。而且要注意的是，黑三兵大多出现在下跌趋势启动之初，在实际操盘过程中尤其要注意价格高位出现的黑三兵。

图 2-22 圆形框内是三根连续下跌的阴线，表示上升趋势已经完结，下跌趋势正在开始或持续，后市大概率要下跌。

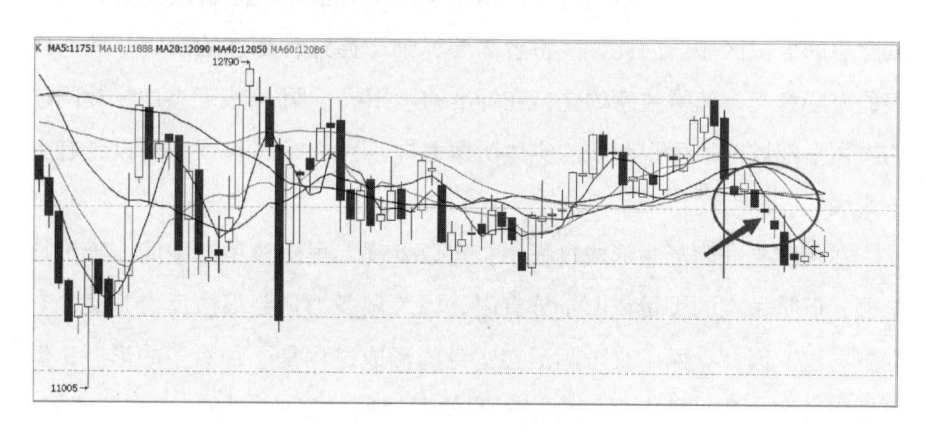

图 2-22　黑三兵

### 2.4.11　两阳夹一阴

在明显的上升通道中，价格在买盘的推动下不断向上攀升，但是在中途的某一天价格突然走弱，并在收盘时收出一根阴线，形成这根阴线后的第二天，价格并没有延续前一天的弱势继续走低，而是出现了走强的现象，在当天的运行中买盘明显增强，收盘时收出一根上涨的阳线。在这个过程中形成的阴线被前后两根阳线夹在中间，这种形态被称为两阳夹一阴，如图 2-23 所示。

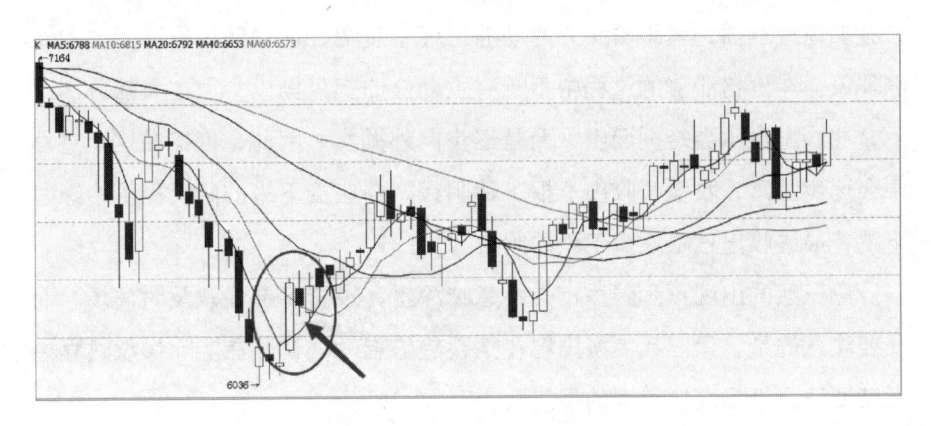

图 2-23 两阳夹一阴

两阳夹一阴形态经常出现在价格上涨途中，或出现在价格经过长期下跌之后的低位区域。因此，投资者需要详细掌握这种形态的形成及其所代表的市场意义。值得注意的是，在标准的两阳夹一阴 K 线形态中，其阴线的实体全部被前后两根阳线的实体所覆盖掉，且这三根 K 线都可以带有上下影线。

在两阳夹一阴形态形成过程中，可以发现，虽然该组合中间一天价格走弱，但是做空的力量依旧十分有限，因为做多力量会很快反击并最终夺回主导权。因此，两阳夹一阴形态本身的形成过程是一种看多的形态，但是投资者要注意，它出现在价格不同位置时所代表的市场意义有所不同，具体如下：

一是当形态出现在价格经过大幅下跌行情之后的低位区时，标志着买方在转强，预示着价格很有可能会出现一波反转上涨行情。

二是当形态出现在价格处于明显上升的通道中时，往往是主力洗盘所导致的，预示着后市价格将会继续向上运行，但前提是截止出现这种形态时价格的上涨幅度并不是很大。

三是当形态出现在价格经过大幅上涨的高位区域时，要引起投资者高度注意，因为这往往是主力出货时的信号，后市价格出现下跌的可能性相当大。

## 2.4.12 两阴夹一阳

当价格处于明显的上升通道中时，突然在某一天出现走弱，收盘时收出一根阴线的走势，但是第二天价格即重现升势，盘中买盘明显增强，收盘时收出一根上涨的阳线，而紧接着的第三天价格并没有延续前一天的升势，而是出现了下跌，并最终以阴线报收，从而使得这三天的走势形成了两根阴线和一根阳线的 K 线形态，并且其中的阳线被两根阴线所包围着，这种形态被称为两阴夹一阳，如图 2-24 所示。

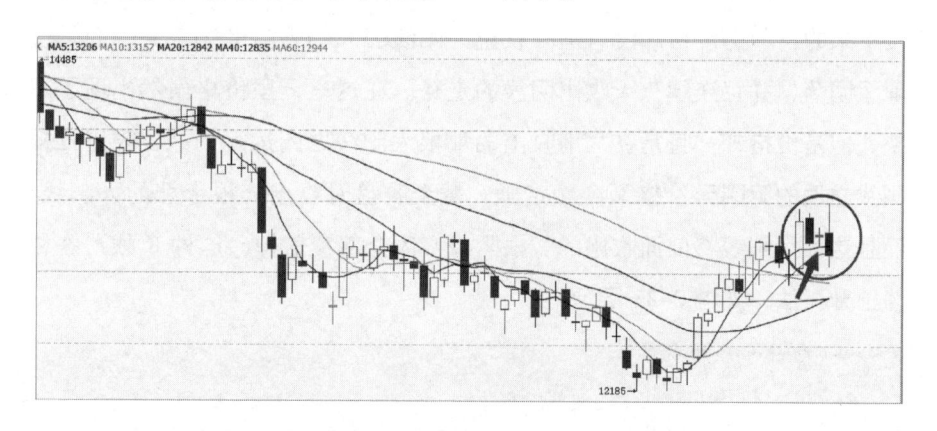

图 2-24 两阴夹一阳

两阴夹一阳形态比较常见，往往出现在价格上涨的中途，或者出现在价格处于明显的下跌通道中，又或者出现在价格经过长期上涨后的高位区域。

两阴夹一阳形态出现在价格的不同位置时所代表的市场意义也会有所不同，因此，也是投资者必须掌握的形态之一。值得注意的是，在标准的两阴夹一阳形态中，阳线实体全部被前后两根阴线实体所覆盖掉，且这三根 K 线都可以带有上下影线。它代表的市场意义具体如下：

一是当形态出现在价格处于明显下跌的通道中时，虽然在收出阳线当天盘中出现了反弹，但是这种反弹力度非常有限，只要接下来买方未及时反击，后市价格便会出现继续下跌。

二是当形态出现在价格处于明显上升的通道中途时，则往往是某些资金洗盘所导致，洗盘结束后价格将会继续向上运行。

三是当形态出现在价格经过长期上涨的高位区域时，投资者要特别小心，后市价格出现下跌的可能性相当大。

## 2.4.13　上升三法和下降三法

### 1. 上升三法

在价格上涨的过程中，突然在某一天拉出一根上涨的大阳线，但是在接下来的三天里价格却没有延续收出大阳线那天的强势继续走高，而是出现了回落，并且连续三天收出阴线的走势。在这三天里价格虽然出现了下跌，但是价格却一直是在之前收出的那根大阳线之内运行，并且收出三根阴线之后的第四天价格又突然走强，截至收盘时收出一根上涨的大阳线，而且这根大阳线将前面收出的三根阴线实体全部覆盖掉。这种 K 线形态称为上升三法，如图 2-25 所示。

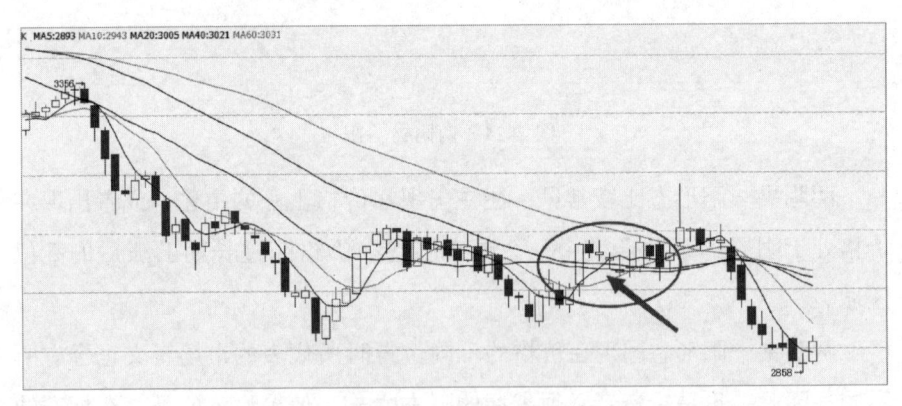

图 2-25　上升三法

上升三法出现在价格上涨途中，通常由大小不等的五根 K 线组成。其中，第一根 K 线为大阳线或中阳线，接下来的三根为小阴线（可以有多根，也可以是小阳线），且都没有跌破第一根大阳线的收盘价，之后出现一根大阳线或中阳线，且覆盖掉了三根阴线，这表明价格虽然连续三天出现了回落，但是在回落过程中空方的动力并不是很足，而且紧接着多方迅速反击，最终夺回了主导权，这预示着后市价格将会继续向上运行。

**2. 下降三法**

在价格下跌的过程中，突然在某一天拉出一根大阴线的走势，但在接下来的几天里价格却没有出现继续下跌，而是出现了回升，但在回升的过程中买盘并不是很积极，收盘时收出了一根上涨的小阳线，并且在连续三天里都出现了这种走势，但收出的这三根阳线的实体部分基本都处于前面出现的那根大阴线的实体之内。同时，成交量也没有出现明显放大，而且在连续出现三根上涨的阳线之后的第四天大幅高开之后一路走低，收盘时收出一根下跌的大阴线，且这根大阴线的实体将前面三天收出的三根阳线的实体部分全部覆盖掉。这种K线形态称为下降三法，如图2-26所示。

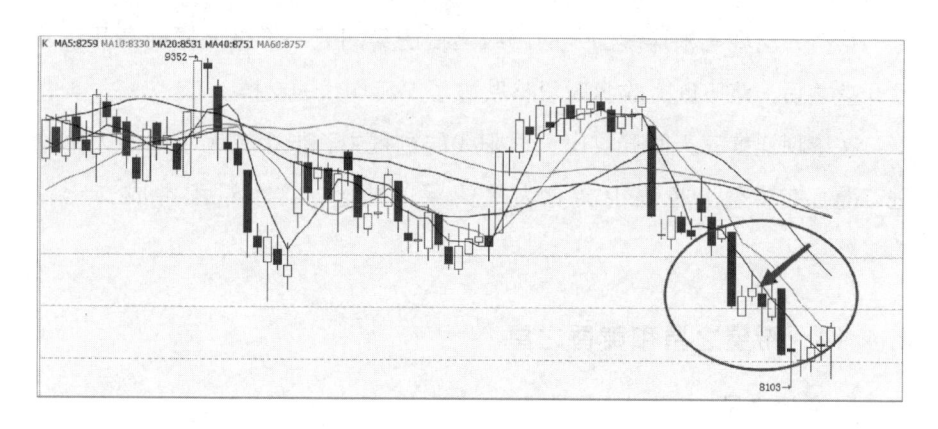

图2-26 下降三法

下降三法出现在价格下跌途中，由大小不等的五根K线组成。其中，第一根K线为大阴线或中阴线，接下来三根为小阳线（可以有多根，也可以是小阴线），且都没有向上突破前面第一根阴线的开盘价，之后出现了一根大阴线或中阴线，且其收盘价要低于第一根大阴线的收盘价。下降三法表明上涨动能只是昙花一现，空方再次夺取控制权，价格接下来仍会延续下跌走势。

常规的下降三法是一种看跌的信号，虽然在形成的过程中出现了连续三天的回升并且收出三根上涨的小阳线，但是上涨的动力非常有限，最关键的是在收出三根小阳线之后，价格出现了大幅回落，最终将前面三天买方的收获一网打尽，以此看出做空动能的强大，而且在这个过程中买方基本上没有反击之力。因此，在价格下跌过程中出现下降三法之后，价格将会继续向下运行，有时甚至还会出现加速下跌的行情。对于下降三法，投资者应掌握如下一些基本的要点，具体如下：

第一，在出现下降三法时，价格处于明显的下跌通道中，而且之前没有任何的止跌迹象。

第二，在下降三法中三根阳线的形成过程中，价格的上涨幅度并不大，而且在这个过程中买盘不是很积极，三天的回升过程中，价格基本上都处于10日均线之下运行。

第三，出现三根连续回升的阳线之后的第四天，价格大幅度高开，并且开盘之后一路下跌，收盘时价格跌破了5日均线的支撑。

在出现连续三天回升收出三根阳线的过程中，很少有大手笔的大单吃进，而且在买盘上也很少会有大笔的买单挂出，这个过程中成交比较清淡。

### 2.4.14 希望之星和黄昏之星

**1. 希望之星**

价格在长期下跌的过程中运行时，突然某一天出现向下跳空低开的形态，开盘之后价格出现震荡，收盘价要低于前一天的收盘价。但在接下来的第二天，价格却出现了向上跳空高开的局面，开盘之后价格震荡走高甚至是一路走高，收盘时收出一根上涨的阳线，这种走势形态称为希望之星。

希望之星表示多空力量在十字星的阶段形成了一个平衡，在阳线阶段实现了反转，由空头转向多头，是上涨的信号，如图 2-27 所示。

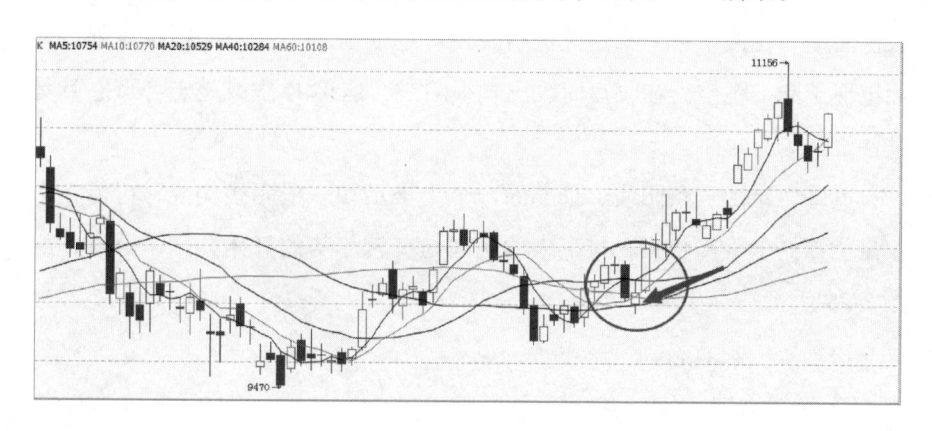

图 2-27　希望之星

希望之星形态出现在下跌途中，由三根 K 线组成，第一根是阴线，第二根是十字线或十字星（阴阳十字星均可），第三根是阳线，且第三根 K 线实体深入第一根 K 线实体之内，表明上涨动能在经过十字线的搏斗之后已经战胜了下跌动能，后市看涨。投资者一旦发现该形态，要注意及时买入。

实际上，希望之星形态中间的 K 线除了十字星之外，还可以是小阴小阳线、锤头线等，有的书中可能会另外将其取名介绍，不过其本质是一样的，只不过希望之星的看涨意义更强一点而已。

对于投资者而言，如果想要准确识别希望之星反转形态是否为主力制造的陷阱，可以重点考虑以下几点，具体如下：

一是价格的整体位置。如果价格前期下跌幅度较大，已经严重超跌，希望之星组合成为反转信号的可能性比较大。如果在下跌途中下跌动能还没有得到有效释放，则很可能是诱多陷阱，短暂反弹后将重归跌势。

二是成交量的变化。如果下跌的时候无量，上涨的时候放量，这样的希望之星组合反转应更可靠，反转的成功率更高。如果反弹没有成交量的配合，则更可能是陷阱。

**2. 黄昏之星**

在价格经过长期上涨运行到高位区域时，某一天突然向上跳空高开，收出星线，在接下来的第三天价格并没有延续前一天的强势继续走强，反而出现了向下跳空，在收盘时收出一根阴线，这种 K 线或是走势形态就是黄昏之星。

黄昏之星由一条阳线、顶部的一个十字星和一根阴线构成，行情在十字星位置处于平衡状态，接下来的阴线是反转趋势的开始，后市看跌，如图 2-28 所示。

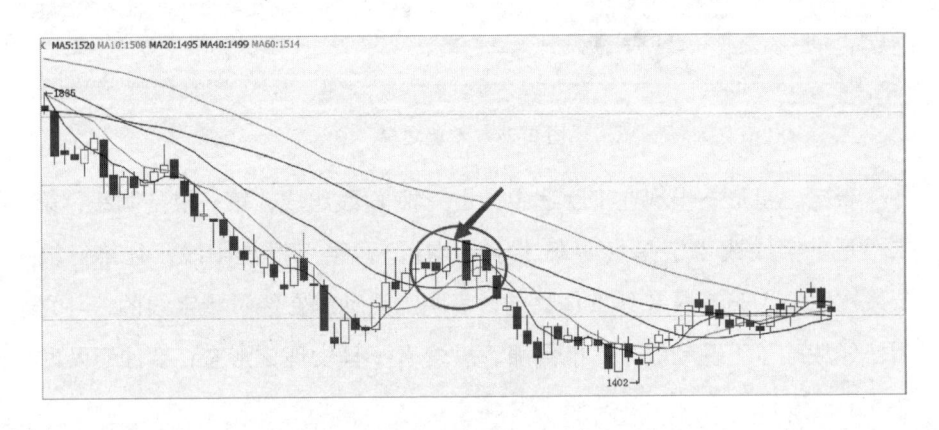

图 2-28　黄昏之星

黄昏之星形态中间的 K 线可以是十字星、小阴星、小阳星、锤头线等，但后面那根 K 线必须是一根阴线，且这些 K 线都可以带有上下影线。黄昏之星是较为强烈的看跌信号，它表明下跌动能在经过十字星的搏斗之后已经战胜了上涨动能，后市看跌。投资者一旦发现该形态，要注意及时卖出。

仅从黄昏之星的形成过程可以看出，价格由第一天出现向上跳空的强势转变成第二天向下跳空，买方力量出现衰退，并且这种形态出现在价格长期上涨的高位区域或者价格上涨的阶段性高位，由此判断这是一种看跌信号，出现这种形态之后预示着价格即将开启下跌行情。当然，这种形态的市场意义还需要看黄昏之星所处的位置，其处于不同的位置，体现的市

场意义也不同,具体如下:

一是如果黄昏之星出现在价格经过快速拉升的高位阶段,则标志着价格的上涨行情即将告一段落,预示后市价格即将迎来一波下跌行情。

二是如果在价格运行到半年线或者年线附近时出现黄昏之星,则标志着该压力位置附近存在不小的压力,一旦买方的力量不能得到增强,后市价格必将出现回落甚至是下跌的行情。

## 2.4.15 经典的图形

以上的图形都是常用的单个 K 线或小单元 K 线组合代表的意义,当 K 线连在一起的时候,也会形成一些比较有特点的技术图形,下面就为大家介绍几个比较经典的图形。

**1. 矩形**

图 2-29 和图 2-30 所示平行线中间部分均是一个箱形整理图形,也被称为矩形,行情在上下两条轨道之间来回震荡,高点和低点基本一致,形成一个长方形的形态。当这种 K 线形态出现的时候,可以认为行情正处于震荡徘徊阶段,还没有明确的方向。当行情接近上轨或者下轨的价格时,要提高警惕,上轨的最高点与下轨的最低点,很有可能是突破的起点。

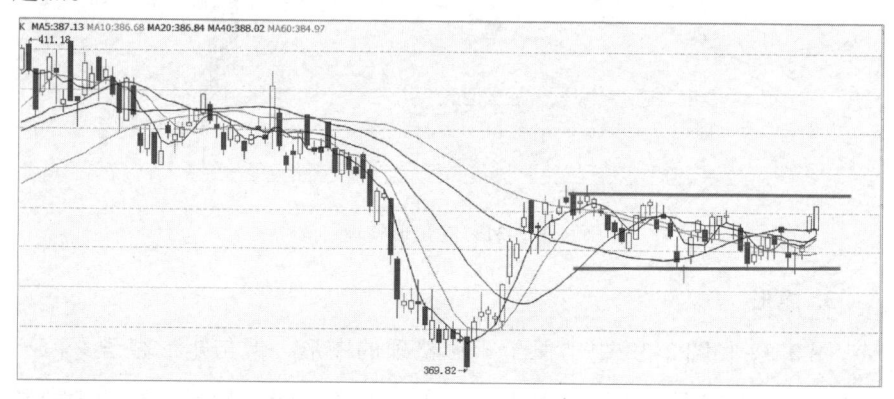

图 2-29 箱形整理 1

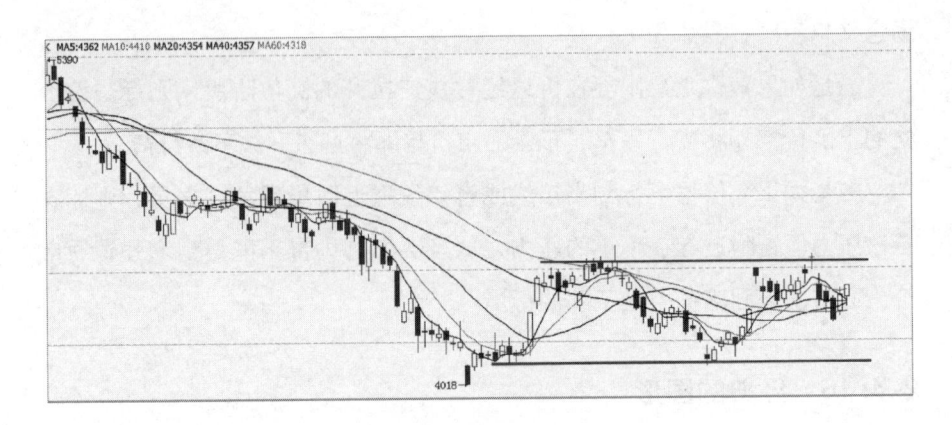

图 2-30　箱形整理 2

## 2. 三角形

图 2-31 所示为三角形整理，K 线来回震荡幅度越来越小，越来越接近于三角形的顶点位置，在接近顶点的位置会走出明显的趋势，向上、向下都有可能。在突破顶点的位置附近，投资者要注意行情的突然变化。

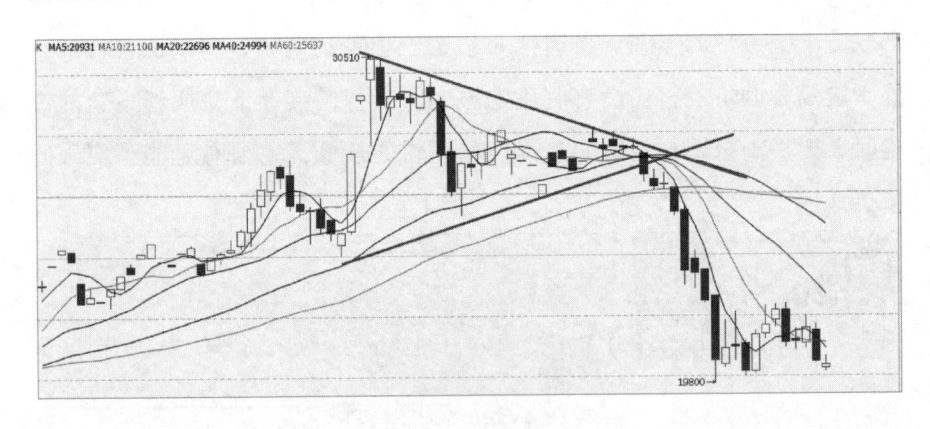

图 2-31　三角形整理

## 3. 旗形

图 2-32 和图 2-33 中类似于矩形整理的图形，但与矩形整理又有一定的区别，特点是带有上下倾斜的角度，称为旗形。旗形是沿着上轨和

下轨的趋势震荡运行的，当震荡完成后，它便会突破上下轨，以原有的趋势运行，此时可将其看作是一个趋势的休整期。

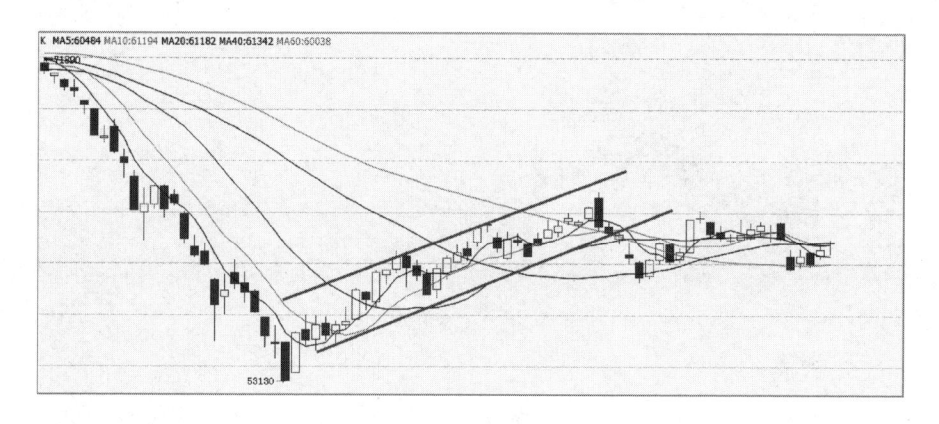

图 2-32　旗形整理 1

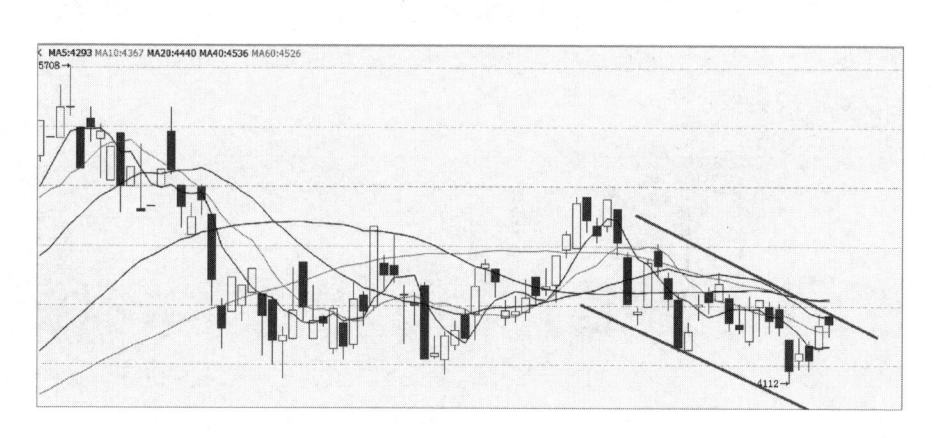

图 2-33　旗形整理 2

### 4. 头肩顶

图 2-34 为一个头肩顶的 K 线图形，也是较为常见的反转形态，其标注三角旗的位置是头部位置，打钩的位置分别代表左肩和右肩。头肩顶代表的意义是上涨行情接近尾声了，空头力量正在加强，是由多转空的典型图形。图形在右肩形成趋势后将会持续下跌，这种图形一般出现在行情的顶部，是多头止盈、介入空头的信号。

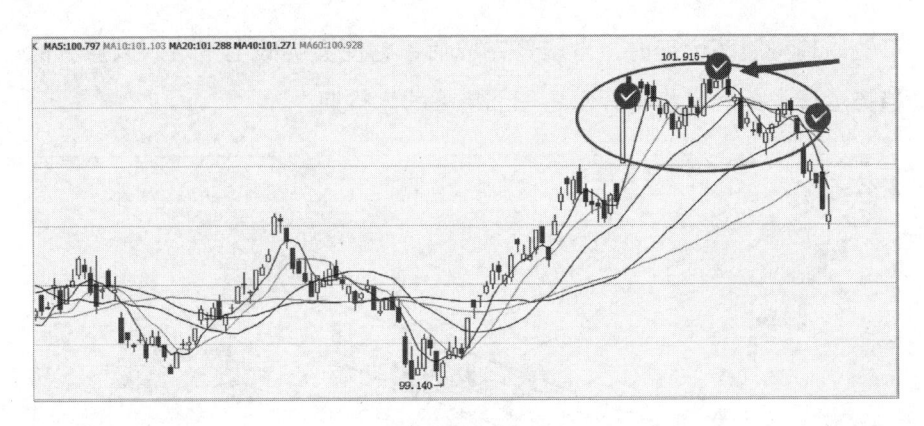

图 2-34 头肩顶

**5. 双底**

图 2-35 为双底图形，也称 W 底，是一个明显的底部反转图形。标记部位是 W 底的两个底部，两个底点位大致相当，这代表空头的行情已经走到了尽头，多头开始进仓，并且开始上涨（多数的底部行情都是以 W 底的图形出现）。

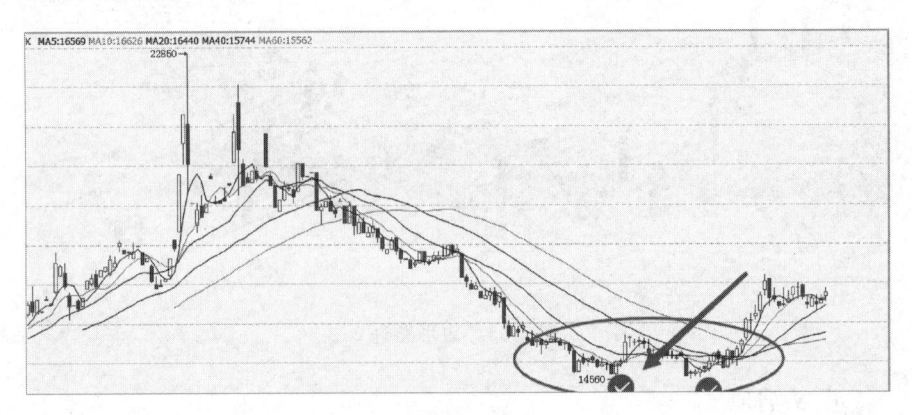

图 2-35 双底

**6. V 形反转**

图 2-36 是一个底部反转，但是它并不是 W 底形态，而是没有任何回调地直接加速上涨，通常把这种情况称为 V 形反转。它是不会形成第二个低点的，跌到最低点之后马上反向，具有突然性，这种行情投资者一般很难把握入市时机。

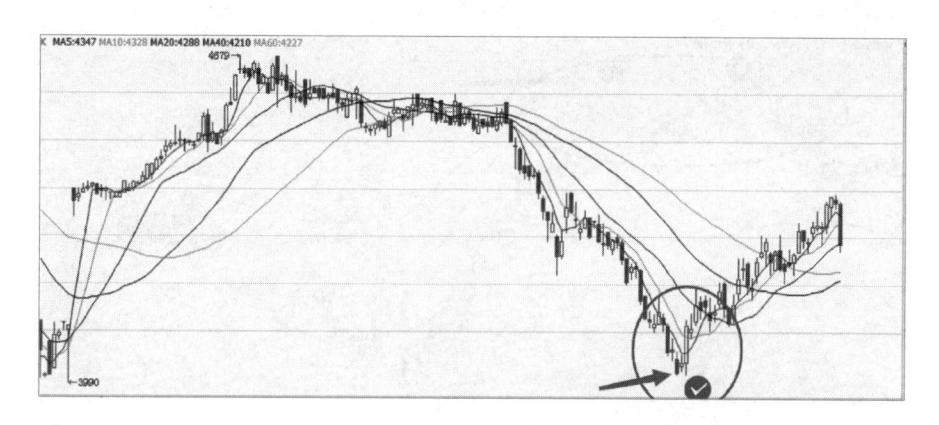

第 2 章　期货常用分析技术与指标解读

图 2-36　V 形反转 1

图 2-37 也是一个底部行情，这个底部是一个圆弧状，经历的时间比较长，幅度比较小，是一个典型的底部 K 线形态。通过底部的逐渐抬升，完成由空头转为多头的趋势反转行情。由于时间较长，幅度较小，对投资者的耐心是一个极大的考验，很多短线投资者是无法坚持的。

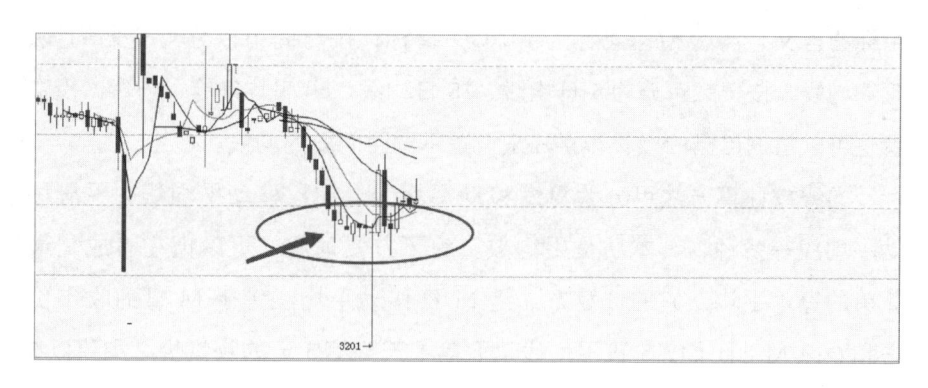

图 2-37　V 形反转 2

## 7. 双顶

图 2-38 是一个双顶形态，行情冲高后回落，反复震荡，再次冲高，形成第二个高点，两个高点的点位大致相当。第二次回落后，多头乏力，开始进入下行通道。这种图形与头肩顶类似，也是出现在行情的顶部，代表行情已经到达了最高峰，由多头转向空头。

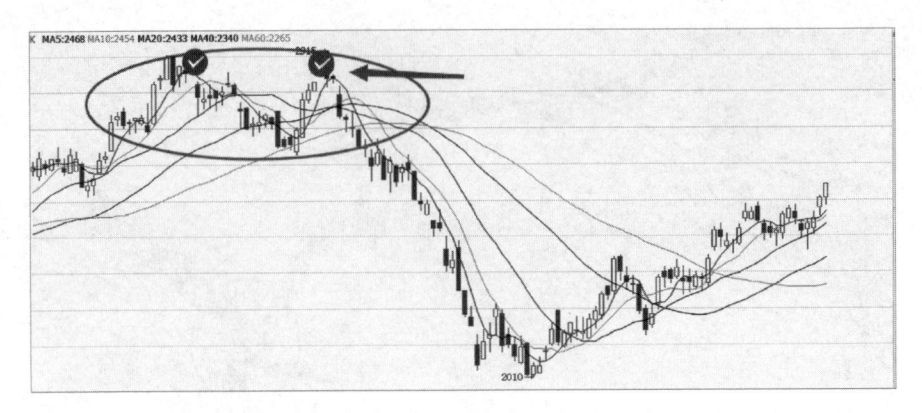

图 2-38 双顶

## 2.5 均线指标

  均线是很多投资者非常热衷的一种技术指标。首先，我们要了解均线指标的含义，均线指标又称为 MACD 指标，按时间可以分为长期均线、短期均线，按天数可分为 5 日均线、15 日均线、30 日均线等。当然，投资者也可以根据自己的擅长和喜好来设置不同时间段的均线。

  均线按计算方法可分为算术移动平均线、加权移动平均线、平滑移动平均线等多种，其本质是平均数。为了方便理解，可以把它看成是最简单的算术平均，它的计算方式是 M 日移动平均线等于 M 日的收市价之和除以 M。比如，5 日平均线，取第 1 天到第 5 天的收盘价之和除以 5 就是 5 日的均线价，到了第六天，把第二天到第六天的收盘价加总除以五，得到第二个均线价，如此滚动形成的均线便被称为 5 日均线。同理，15 日、30 日、60 日均线都是相应的天数收盘价加总相除得到的结果。

  在图 2-39 中，从上到下第一条线代表 10 日均线，从上到下第二条线代表 60 日均线。一般在 K 线图中用不同的颜色代表不同周期的均线。

  在运用均线的时候，要关注均线的交叉与背离，以及均线的支撑等关键信号。

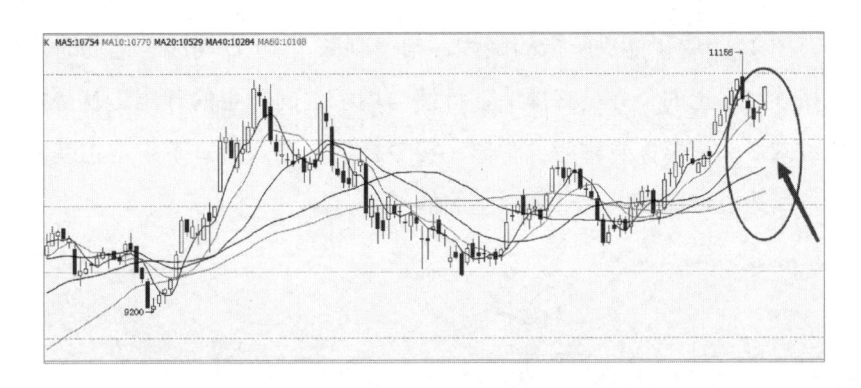

图 2-39  不同周期均线

在图 2-40 所示的 K 线图形，包含多条均线，投资者可以根据自己的喜好和经验判断，选一条自己认为有效的均线作为支撑。从上到下第三条线代表 60 日均线，如果把它看成一条关键均线，只要行情在 60 日均线之上，那么就可以一直做多，一旦跌破 60 日均线就止损。从上到下第四条线代表 40 日均线，如果把它作为一条支撑均线，站上 40 日均线做多，跌破 40 日均线止损。现在均线在很多投资者的技术方法里都相当于一个阻力位或支撑位，把它作为买卖的一个判断标准。很多人经过长期的交易买卖，提炼出了在市场上很有用的均线指标，常说的一条均线打天下就是这么来的。有的投资者习惯于看均线的背离、看均线的金叉和死叉来判断下一步的行情方向。

图 2-40  选均线图形

在图 2-41 中，箭头所指的阴线，向下刺破了 10 日均线，但此时均线还是持续往上走的，并没有掉头，行情与均线之间产生的背离，就是投资者所说的多头背离，也称为顶背离，接着行情开始急转直下，这也就意味着顶背离为投资者提供了一个做空的信号。

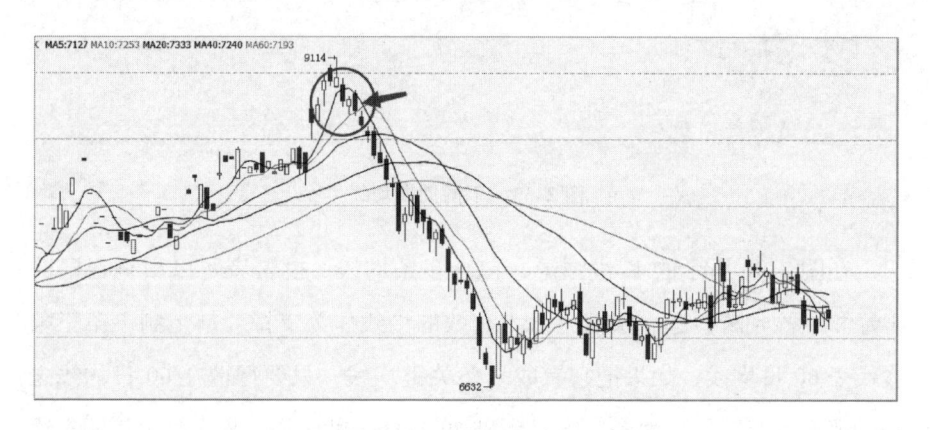

图 2-41 顶背离

在图 2-42 中，箭头所指的 K 线穿越了标记处的 20 日均线，但是 20 日均线并没有改变方向，期货价格与均线产生的背离，是底背离，有很多投资者根据这个信号开始介入多单。

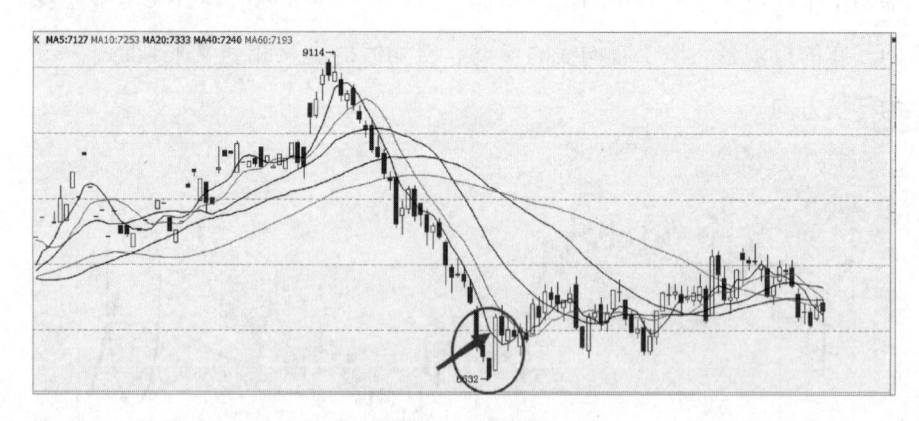

图 2-42 底背离

交易时均线产生的金叉与死叉也是很多朋友关注的重点指标。均线又可分为短期均线指标和长期均线指标，比如 5 日、10 日均线被称为短期均线；40日、60日和120日均线，被称为长期均线指标。短期均线由于时间短、变化快，称为快线。长期均线指标由于累积的时间长，变化较慢，称为慢线。只要是快线指标自下而上穿越慢线，我们认为这是做多信号，俗称金叉。

图2-43中箭头所指的地方，5日均线穿越了10日均线，这是一个做多的金叉信号。相反，当快线自上而下穿越慢线的时候，我们认为这是做空信号，俗称死叉。

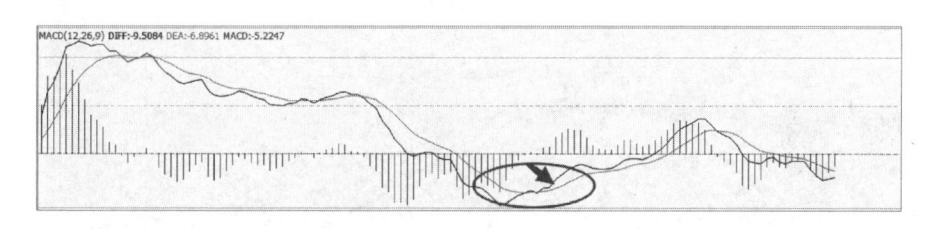

图2-43　死叉

在图2-44中，5日均线自上而下穿越了10日均线，根据信号应是介入空单。

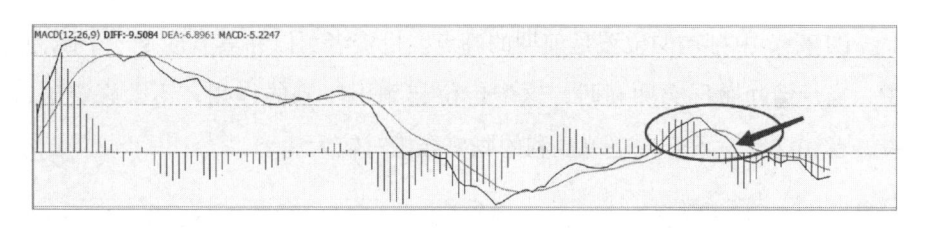

图2-44　介入空单

## 2.6　关键支撑与阻力

在交易中，经常会谈到支撑位和阻力位，支撑位的概念是相对于下跌而言的，它表示这个位置不容易跌破。阻力位是相对于上涨而言的，它表示这个位置不容易突破上行。同时，阻力位和支撑位是一个相对的概念，二者之间是可以转化的，阻力位可以转化成支撑位，支撑位也可以转化成阻力位，关于此可以通过图例来进行理解。

图 2-45 中打钩的位置是前期的低点，投资者可以把它看成是一个支撑位，当行情再次下探到低点的位置时，这个价位会起到一定的支撑作用，投资者在这个位置介入多单比在其他点位入场多单盈利的概率要更大一些。

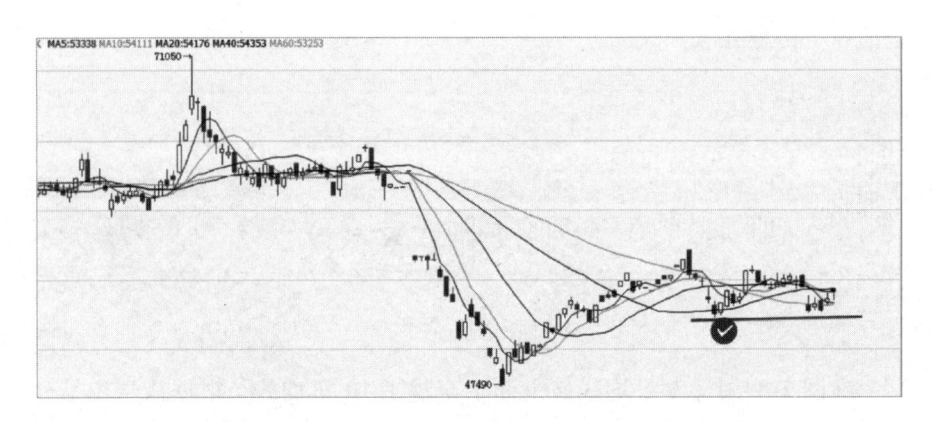

图 2-45　支撑位

图 2-46 中打钩的位置是前期的高点，投资者可以将其看成是一个阻力位，当行情回撤再次冲高时，这个价位起到了压制的作用，不太好突破，投资者在这个位置介入空单盈利的概率会相对较大。

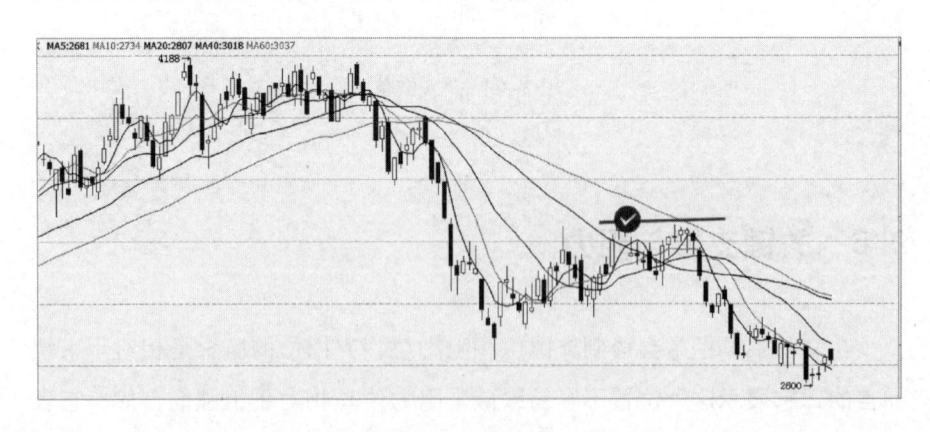

图 2-46　阻力位

图 2-47 中第一个打钩处是一个压力位，代表行情上涨的突破，然后下跌，该压力位变成后期的支撑位（同一个点位相互作用在转化，支撑位转换成压力位也是同样的道理）。期货交易中很多关键的点位都是以压力位和支撑位来定义，且一般都是选择在这样的特殊位置进行建仓交易。

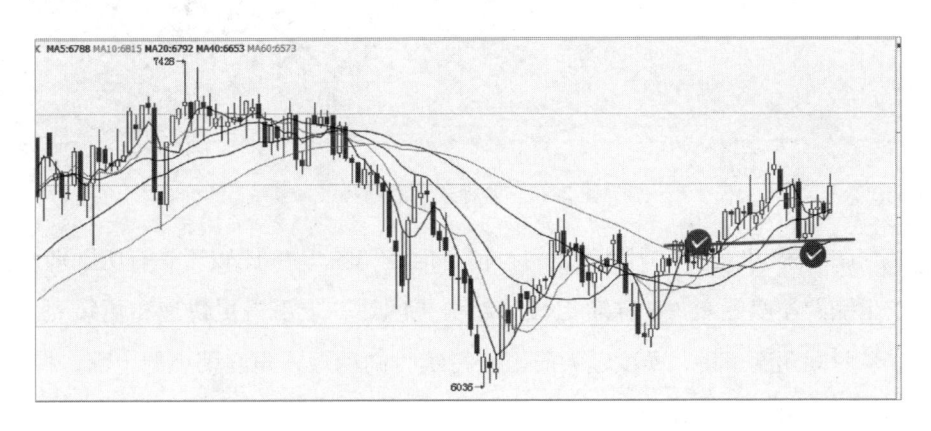

图 2-47　压力位

## 2.7　趋　　势

在期货交易中讲究顺势而为，但是很多投资者在面对 K 线图的时候，都认为是杂乱无章的，看不出其中的规律性。在这里，我把 K 线图分解成三种情况来给大家介绍，这样大家在以后看盘的时候就会清晰很多。

### 2.7.1　上升趋势

首先来了解一下上升趋势，如图 2-48 所示，这是一个很明显的上涨图形，大家可以看出它的特点，即在上涨的过程中，每一个低点都比前一个低点要高，呈现阶梯式逐渐拉升的趋势，见图中打钩处。

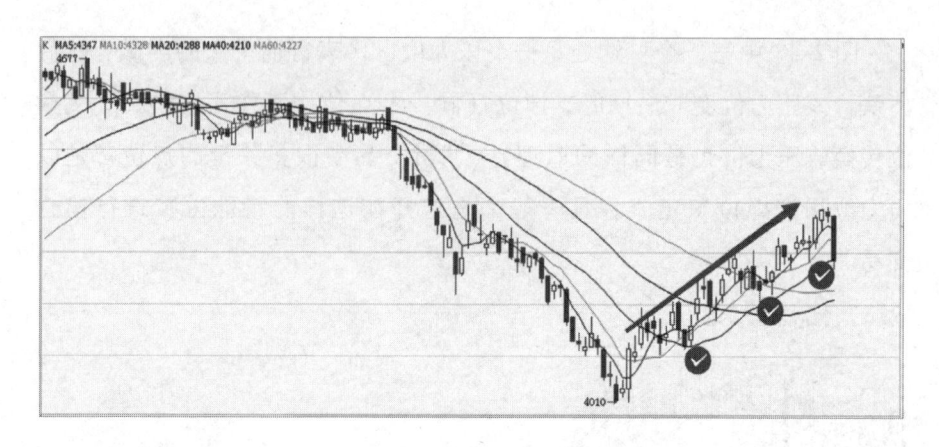

图 2-48　阶梯式上涨趋势

图 2-49 也是一个明显的上涨行情，但是和图 2-48 比较还是有所区别，它上涨的角度更大，意味着上涨的趋势更明显，上涨得更快速和更猛烈。单从时间角度来讲，角度越大的上涨持续时间越短，角度稍小的上涨，持续的时间可能会更长。

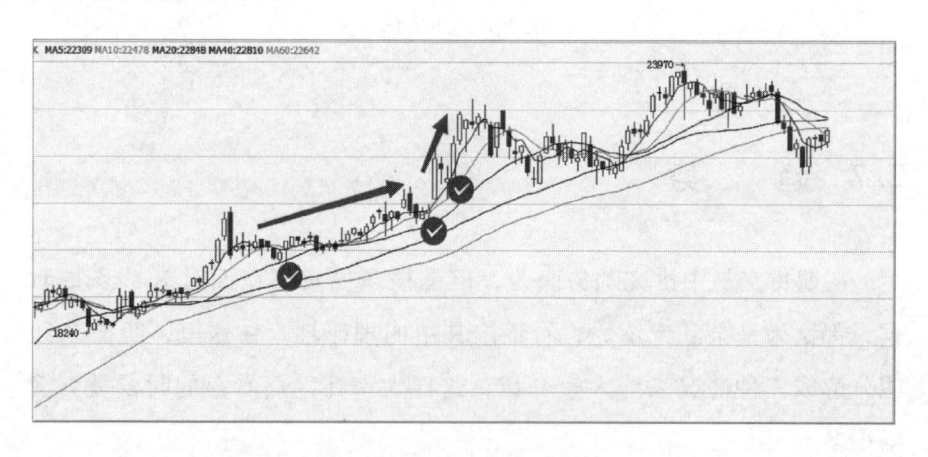

图 2-49　大角度上涨趋势

## 2.7.2　下跌趋势

下跌趋势与上涨趋势相反，是一种逐渐减弱的行情趋势。下跌趋势虽然看似简单，但很多投资者在分析行情的时候并不擅长看下跌趋势，因为在投资市场，散户占多数，而他们只擅长看上涨趋势，看下跌趋势很不习惯，甚至很多交易者进入期货市场，也只会做多，不会做空，可见，习惯性思维阻碍了他们的交易方式。

图 2-50 是一个明显的下跌趋势，打钩标记处的低点是逐渐降低的，呈现阶梯式下跌趋势。

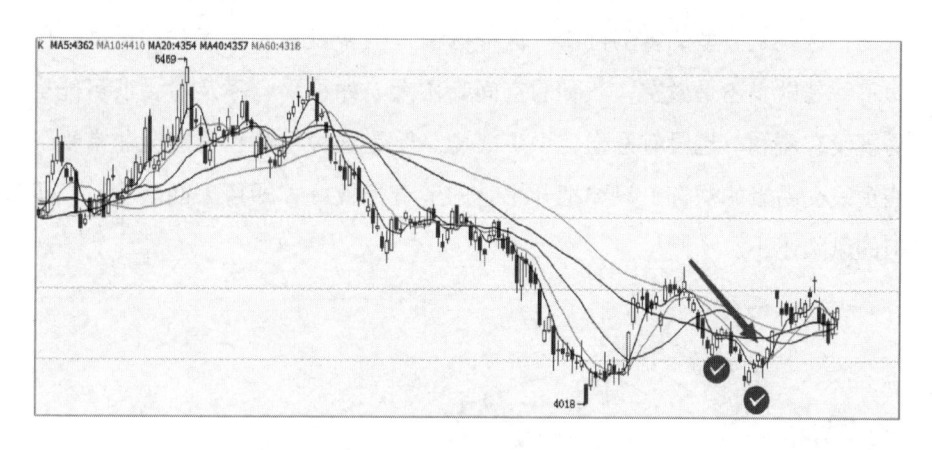

图 2-50　阶梯式下跌趋势

图 2-51 中下跌趋势更为猛烈一些，与上涨趋势类似，这种下跌持续的时间更短，速度更快，如果投资者做对了方向，可以获利不少。

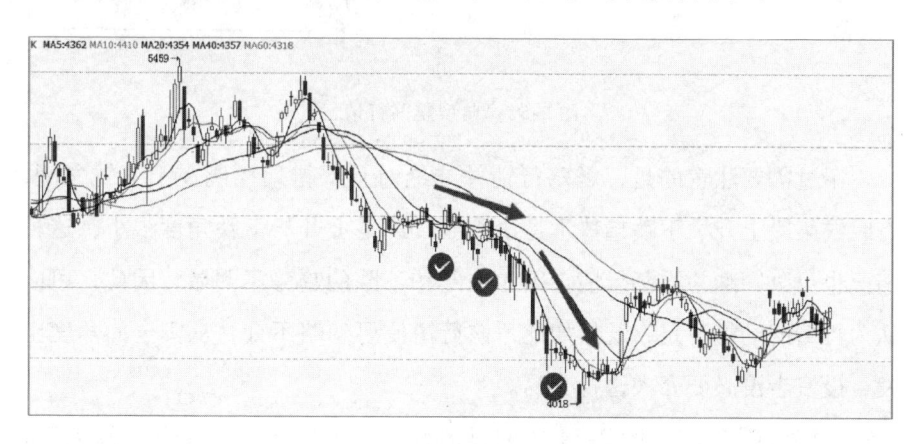

图 2-51　猛烈的下跌趋势

### 2.7.3 震　　荡

期货市场上除了上涨行情和下跌趋势之外，还有第三种情况，即震荡趋势。

图 2-52 中的图形行情既不上涨也不下跌，在一个比较窄的范围内来回震荡，这就是典型的震荡行情。这种行情是很多投资者不喜欢的类型，因为不管是做多还是做空，获利的空间都不大。如果平仓不及时，很可能交易既没有盈利，也没有亏损，平手离场。但是这种行情也可能会非常受一些短线交易者的欢迎，只要把开平仓的节奏把握好，即可来回获利，且承担的风险还小。

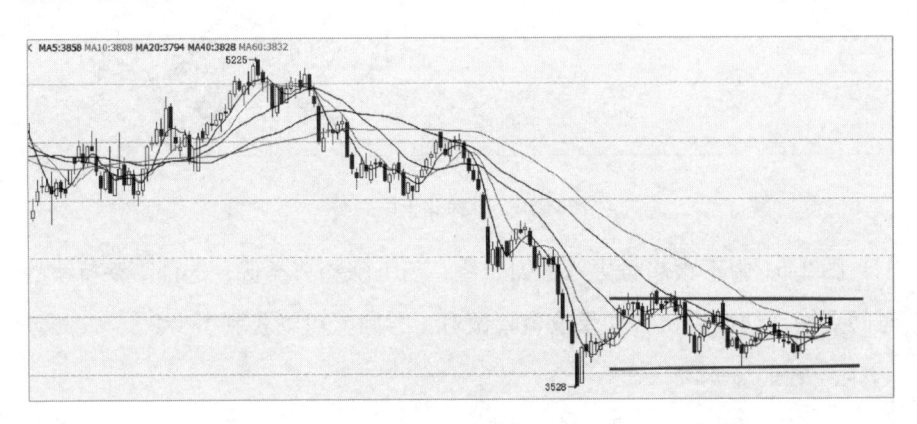

图 2-52　典型震荡行情

不过需要注意的是，震荡行情并非绝对且严格地控制在上下轨之间，有时候某段上升、下跌趋势不是很明显，或是上升与下跌角度很小，这种情况也可以归纳为震荡行情。因为上升和下跌的趋势不明显，因此，可以认为行情的动能不足，既然如此，该行情便可忽略不计，从安全的角度出发，投资者没必要介入这种交易。

比如像图 2-53、图 2-54 中的行情介于 10°～20° 的上涨和下跌趋势，我们可以把它视为震荡行情。

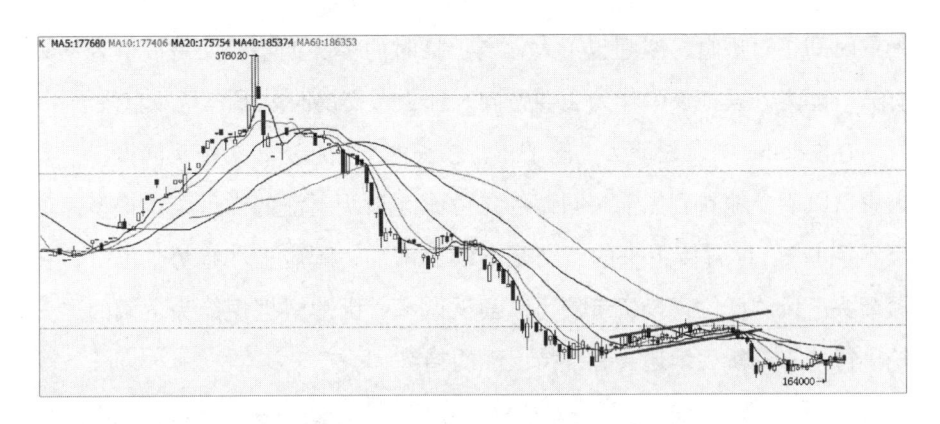

图 2-53　上涨趋势中的震荡行情

图 2-54　下跌趋势中的震荡行情

在交易中，投资者碰到的 K 线图形千变万化，但实际上都可以分解成上升趋势、下跌趋势和震荡趋势这三种形式，只要我们学会看懂，认清这三种趋势，便可做到对趋势的基本把握。

## 2.7.4　回调与反弹、反转的区分

趋势是一种方向，一种惯性，回调是一种短暂的反弹。如何区分趋势与回调，是投资者在交易中把握方向时需要解决的一个问题。这个问题解决不好，投资者便很容易迷失方向，致使下单的时候无所适从。总体而言，趋势是一个大方向，它具有相对的持久性，相应的是较长的波段。反

弹的时间相对短暂，空间也不大，属于临时的掉头调整。如果投资者不具有分辨能力，误把反弹作为主要方向，那么做交易时就很容易被套住。

在图 2-55 中，长箭头走出了一轮较长的上涨趋势，短箭头回调，但是大家可以明显地看到黑箭头回调的点位比红箭头上涨的点位要少很多，甚至不足 1/3。再看接下来的行情是继续上涨的，顺应上涨趋势。那么，在短箭头下调的低位，投资者便可以尝试做多，因为根据短箭头下调的这一轮小行情来判断后续还会是维持上涨的趋势。

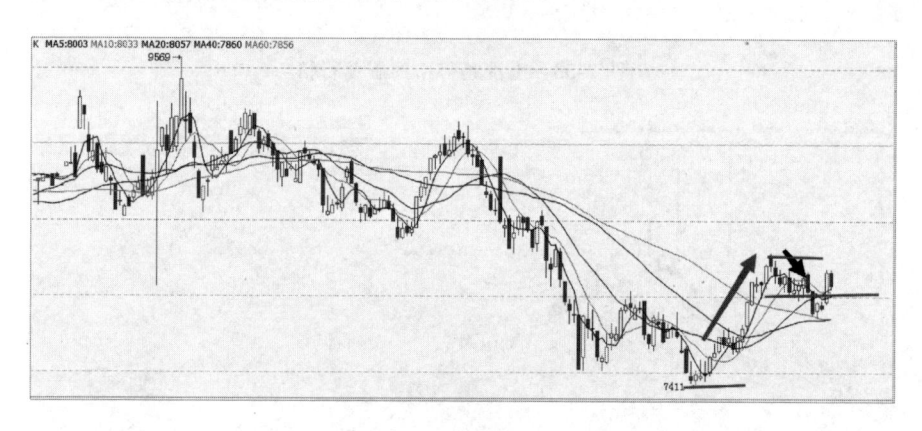

图 2-55　上涨趋势中的回调

图 2-56 和图 2-57 中的行情是一个明显的下跌趋势，长箭头是下跌的整个波段，短箭头是反方向运行，我们同样看到短箭头运动的点位要比长箭头的点位少很多，反弹力度不够大，没有根本扭转方向，因此，我们也只能认为短箭头处只是一个临时性的反弹，接下来的行情大概率还是会向下运行。

在图 2-58 中，日线的 K 线周期太长，周期较短的分时图对指导交易更有实际意义。向下箭头代表的是下跌趋势波段，在一轮下跌之后，行情开始转为上涨，但由向上箭头上升的幅度与向下箭头跌幅相当可以看出，不能把向上箭头的上涨定性为反弹，而是更应该偏向于定性为反转，也就是说，此时行情已发生改变，由空头转为了多头，多头小趋势开始形成。

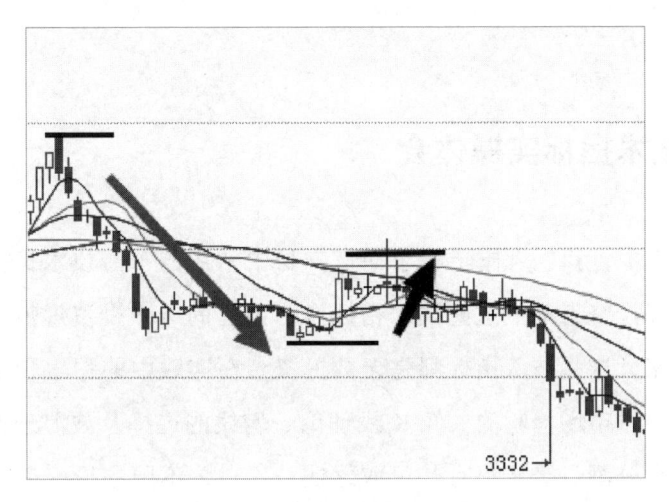

第 2 章　期货常用分析技术与指标解读

图 2-56　下跌趋势中的反弹 1

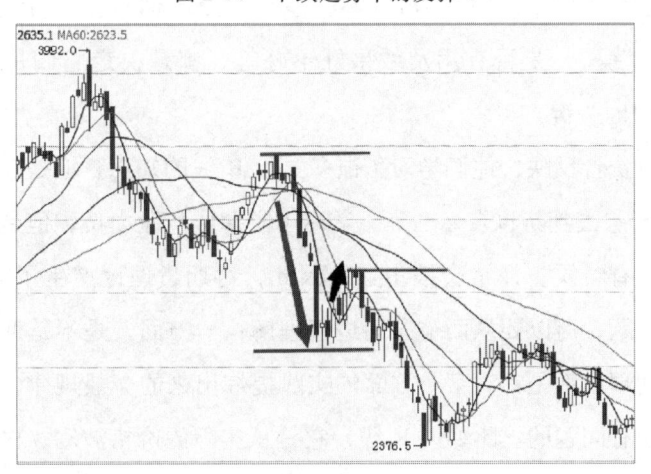

图 2-57　下跌趋势中的反弹 2

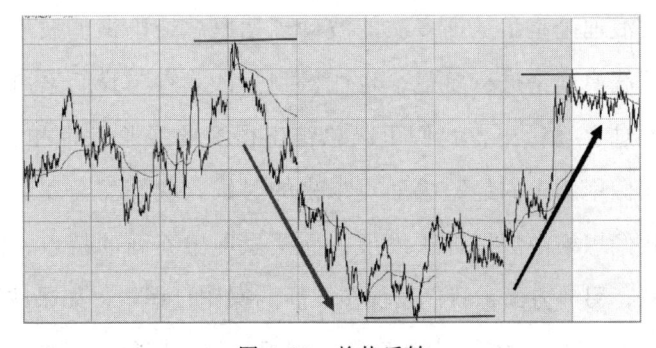

图 2-58　趋势反转

## 2.8 技术指标实操体会

在本章中,我们大概了解了期货交易中常用的一些技术指标。在交易中,很多投资者都把这些技术指标作为自己的一个投资规范,因为在投资者看来,这些技术指标都是无数投资者在实践中的积累和经验的总结,都是经过市场检验的。像K线理论、均线的选择及波浪理论、道氏理论、黄金分割点等,都有其可取之处。不过,不同的投资者对不同的理论一般也都有自己的偏好和见解。但是,无论何种技术指标或理论,是否经得起考验,是否有用及效果好不好等,都是决定它们是否值得被学,被使用的关键。

有些投资者反映,他们学习了很多关于K线的知识,但是在市场上根据K线的形态去判断也未必准确。学习了支撑位与压力位,但是在这个价位上下单,有时候也经常会被击穿。因此,对期货理论产生了很多怀疑。关于这个问题,可以要从两个方面进行理解:一方面,是不是期货理论有问题?任何理论都是针对某一方面的实践提炼出来的一般规律,从这个方面来讲是没有问题的。比如说K线,它是从实际的价格波动,根据发生频率的多少总结出来的规律,也有事实依据作为基础,不是凭空想象出来的理论。波浪理论也是从很多次的波动周期里总结出来的波浪形态,如果把行情用波浪理论进行复盘,也能得到佐证。它与我们学习历史知识很相似,通过学习历史,我们可以总结出很多的经验教训和历史规律。但是需要我们用历史的经验去面对未来的时候,我们又会发现很多事情并没有如我们想象中的那样去发展,而是呈现出不同的特点,但是规律又极其相似;另一方面,我们发现在实际的操作过程中,如果按照技术指标去操作,往往没有预想的那么好,原因很简单:期货市场是一个变化的市场，它的最大特点是不确定性。不是哪一种理论不好，也不是哪一种理论可以完全解释得了的，如果期货市场完全按预期发展或是历史重演，那么这个市场就不存在了。

技术指标是总结出来的一般规律，可以起到一个指导的作用，但是并不能完全指导所有的市场行为并对此做出解释。我们对于技术指标的理论需要了解，但是不能把它作为一个交易的模子，要明白它仅是一个参考，不能保证在实际操作中一定能获利，需要在实盘操作中去积累尽量多的经验，完善自己的交易系统。

## 2.8.1 K线图形的可靠性分析

我们知道，所有技术指标都是一种规律的总结，都具有指导意义。从这个方面讲，在交易中经常使用的K线理论，其各种形态，包括典型的形态等，都对交易有一定的判断作用。不过，在发挥作用的过程中，K线图不会像过去或是教科书里那样重复演变，但以类似或是变形的方式呈现的概率很大。

此外，K线图还有另外一个重要的特点，即K线图的基础图形是由每天的行情走势演变而来的，是没有经过加工的第一手数据，而很多其他的技术指标都是根据行情走势图加工之后得出的理论，这也就意味着，K线图反映的是交易市场最原始的面貌，是最真实可信的数据，可以真实地反映市场的现状。因此，一些高手投资者在做交易的时候，不需要借助任何其他的技术指标，只根据裸K线图来做判断。

图2-59是一个由很多根K线组成的上涨趋势形态，由该图我们可以判断：在这一段时间之内，市场的基本面、消息、供需情况及资金的流向肯定是利多的，即便是没有去了解该商品的基本面情况。但是构成这一轮行情的所有单独K线和局部K线特点，比如单独K线的上影线、下影线和在上升途中出现的红三兵或乌云盖顶等技术图形，我们只能把它们当成一

个技术参考，而不能把它们绝对化，更不能固化地认为一定会像理论、预期的那样绝对。但是 K 线图组成的这一轮趋势是可以肯定的，是一轮绝对可靠的多头趋势，说明市场正处在多头的环境中，只要市场没有出现大的反转，趋势就会保持。

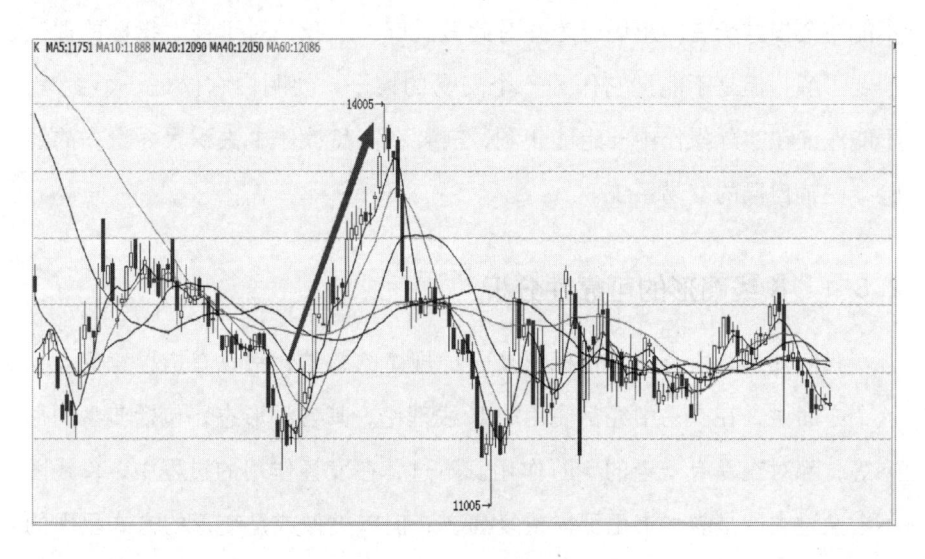

图 2-59　上涨趋势形态

## 2.8.2　均线指标可靠性分析

　　均线是一个平均值，是投资交易中用到的一个主要指标。均线的周期越短，其变化越快，也就是我们常说的快线。均线周期长，它的变化就会比较缓慢，也就是我们说的慢线。当某一天的行情发生比较大的波动时，从短的均线周期中很容易看到变化。市场的风吹草动，都是快线先反映出来的。短周期均线虽然变化快，但是不太稳定，适合于短线操作。当市场行情连续几天上涨或者下跌时，长周期均线也会有明显的变化，相对于短周期均线，长周期均线虽然变化没有那么快，但是形成的趋势线更加稳定，更适合中长线交易。

　　其实均线的作用是指导投资者跟涨或者跟跌，虽然反应是滞后的，但

## 第 2 章　期货常用分析技术与指标解读

是行情却有惯性，投资者根据均线操作，仍然有利润空间。在大部分情况下，均线比较适用且可操作性较强。但是均线在实际运用中也有很大缺陷，毕竟均线的原理是很简单的一个数学平均值。

而且均线平均值的原始数据来自 K 线的收盘价，即有 K 线之后才会产生均线，由此可知，均线的本质还是 K 线，均线只是通过 K 线的价格波动演变出来的一个判断指标。这样我们就能很清楚一个事实：均线的运动取决于 K 线的运动，并非 K 线跟随均线运动。

很多投资者在习惯了使用均线指标后，会很自然地把均线作为行情走势的中心，习惯性地把 K 线的走势用均线来推导，导致交易思路主次不分。在大多数行情下，K 线与均线的走势都十分协调，可以相互验证，但当出现极端行情的时候，均线会完全失灵，什么支撑、压力通通打破，如图 2-60 所示的 2020 年 3 月国际原油大幅下挫的 K 线图。从图 2-60 可以看到，所有均线都没有起到支撑作用，K 线与均线完全脱离。在这种极端行情下，均线会失灵，无法跟上行情变化的速度。

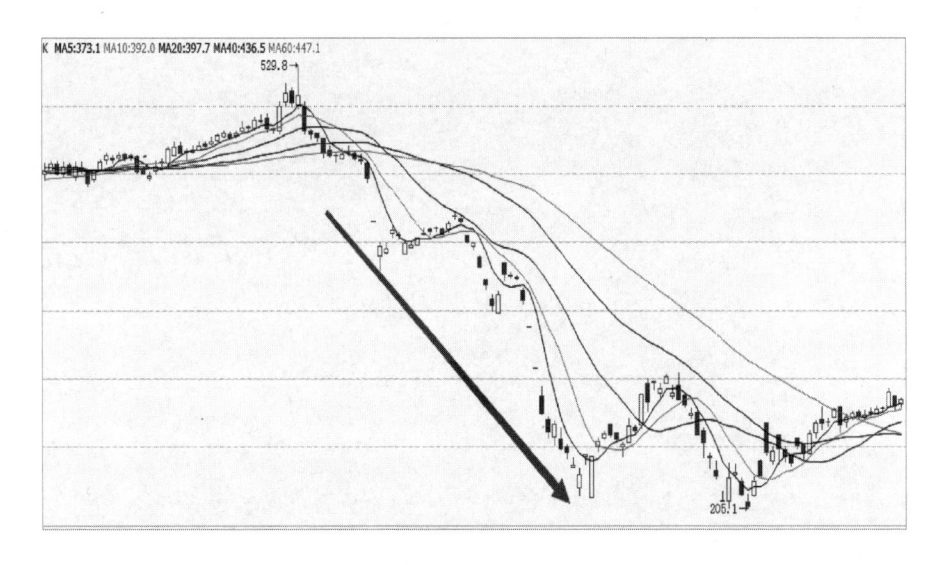

图 2-60　国际原油大幅下挫 K 线图

总之，均线在大多数时候都能起到一个有效指标的作用，但是缺点是有一定的滞后性，即当你跟随均线指标进场的时候，很可能行情已经在发生转变了，如果是单边趋势行情，情况会好一些，但如果是反复震荡行情，操作起来会更加困难，这是投资者在交易时需要注意的点。当出现极端行情时，均线是无法跟上行情变化的。

# 第 3 章

# 期货基本面分析方法

## 3.1 什么是期货基本面分析

在从事期货交易的时候，经常会听到基本面分析与技术面分析的说法，关于技术面分析，在前面已经介绍过，那么什么是基本面分析呢？基本面分析是指针对某个期货品种，从大的经济环境到相关的政策及供求关系，还有对标的物产生影响的其他关键性的因素，比如天气、运输、突发事件等进行全方面的评估，最后，对该品种的价格进行一个预判。有一些机构经常组织实地调研，目的是更加精准地把握基本面消息，做出正确的评估报告。

## 3.2 期货基本面分析举例

截至 2024 年 5 月，我国四大期货交易所（郑商所、大商所、上期所、中金所）共推出 70 多个期货标准化合约，每一个期货品种的基本面都各不相同，不过在分析思路上没有太大差别。下面以大豆、有色金属的基本面分析为例，为大家展示何为基本面分析，帮助大家打开思路、找到方法。

### 3.2.1 大豆基本面分析

大豆是一个比较成熟的期货品种，要对大豆进行基本面分析，需要对大豆这个品种进行详细了解，越详细越好，考虑的因素越周全越好，主要包括大豆的供求关系、金融环境的因素、气候因素、大豆的播种面积、生长和收获的季节及大豆的用途等，比如，大豆的实用价值，还有它的榨油价值等。通过这几个因素去分析大豆的基本面情况。下面是具体分析内容。

一是大豆作为一种期货产品，它在期货市场上是有价值的，一旦受到相关因素的影响，它的价格就会产生波动，这是基本面分析的主要依据。

二是大豆是一种全球性的粮食作物，其价格波动会受全球粮食供求关系的影响。如果全球粮食供应紧张，那么，期货大豆的价格就会上涨，如果全球粮食供应宽松，那么，期货大豆的价格会下跌。我国的大豆，一般在每年的四月到五月播种，九月、十月收获。在大豆播种的时候，我们要着重关注大豆的种植面积，因为其种植面积的大小，在排除天气的影响因素之外，直接决定着产量的多少。同时，我国是大豆的主要进口国，进口地主要是美国，因此，需重点关注美国大豆的种植面积，但是美国大豆种植面积又是经常变化的。那么，美国大豆的种植面积为什么会发生变化呢？因为这里涉及一个种植意愿的问题，美国农民为了多赚钱，会做出各种选择，比如去年大豆的价钱很高，收入不错，他们今年种植大豆的积极性就会很高，种植面积有可能会扩大。但是如果去年大豆的行情不好，价钱很低，农民没有赚到钱，那么他们今年很可能会减少大豆的播种面积，改种玉米等其他作物，这就意味着大豆产量可能会减少。一旦大豆预期产量减少，必然就会引起大豆期货价格上涨，这就是播种面积影响大豆期货价格基本面的内部逻辑。

三是大豆在生长期有一个很主要的影响因素——气候，如什么时候下暴雨，什么时候干旱，什么时候潮湿，对大豆的生长至关重要，因此，必须对大豆的生长习性有所了解。大豆是喜光的作物，光照强度对大豆的产量有明显的影响，比如阴雨天多，光照不足会严重影响大豆的产量，使得其价格上涨。而干旱对大豆也会产生重大影响，如果出现美国干旱气候的新闻，那么肯定就会促使大豆价格上涨。同时，大豆在生长期间还受一个重要因素的影响，那就是病虫害，如果某地大豆发生病虫害，那么也会利多大豆价格。

四是从季节方面来讲，大豆在一年四季都有消费，但不是一年四季都是收获季节，随着季节变化，其供求关系也会改变。每年一月份的时候，正是新豆上市的时间，市场上货源充足，这时的价格自然会下跌，一月份之后，随着货源逐渐消耗，价格又开始慢慢回升。而大豆供需面发生变化，也会相应拉动大豆的价格上涨或者下跌。

五是大豆的价格还受金融方面的影响。现在大豆的期货市场价格仍然是以美元标价，美元指数的涨跌，对大豆价格影响明显。比如，美元指数走低，大豆价格会上升；美元指数走高，则会对大豆价格形成一定的压制。

六是其他国际大宗商品的价格涨跌，会直接或间接地影响到大豆的价格，比如原油，是国际大宗商品市场中非常重要的品种，称为大宗商品之王，原油的价格飙升，会促使大豆的运输成本增加，进而使得大豆期货的价格跟着上涨。

七是一些重大事件、突发事件也会对大豆价格造成直接影响。2022年2月24日，美豆在24日左右的表现如图3-1所示，从K线图上可以看到美豆价格发生了剧烈波动，一条大长上引线，然后又跌下来一条大阴线，相比平时的波动强度大了很多。战争来临，会造成各国恐慌性囤积粮食，使得市面上粮食短缺，破坏了正常的供求关系，在这种情况下，粮食价格会暴涨，反映在期货市场上就是期货价格的大幅波动。

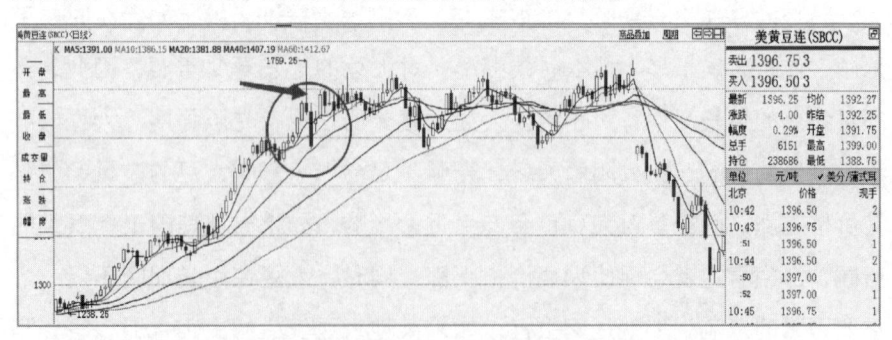

图3-1 美豆价格大波动

所以，要加强期货基本面分析能力，就必须经常关注新闻，关注相关部门发布的一些关联数据，然后对这个数据进行分析，到底是利多商品还是利空商品，最后根据自己对基本面数据的分析结果，在期货交易中进行正确的操作。

综合上述，我们对大豆基本面的分析要着重考虑五个方面：一是供求关系，包括季节性供求关系。二是种植面积。三是气候因素。四是外在的金融环境因素。五是是否有重大的突发事件。这些都是影响大豆期货价格涨跌的重要因素。

有朋友可能会问，这些基本面数据如何获得呢？一般我们会关注美国农业部 USDA 发布的相关报告。他们会发布很多关键数据，比如，大豆种植收获面积、种植意向、出口销售数量等。此外也可以关注我国的海关进出口报告，了解大豆进口数量。如果是一般的散户投资者，在分析基本面时，多半还是依靠一些权威部门发布的数据。如果是机构，他们可能会掌握一些现货贸易上面的关键数据，这样会了解得更加清楚，可以依据更多的数据进行价格预判，比较而言，散户肯定没有机构掌握的消息多、全面，也因此出现了信息不对称的情况。

那么，这种信息不对称我们该如何去应对呢？是不是没有足够的信息来源一定会导致交易失败？关于这个问题我在接下来的介绍中会为大家提供解决思路，此处就不再赘述，大家只了解基本面分析是怎么一回事儿就可以了。

### 3.2.2 有色金属铜基本面分析

铜是一种重要的工业生产原料，在电器、电子工业中应用最广、用量最大，基本上占到总消费量的一半以上，在国防工业中也有很大的需求。在分析一个品种的基本面的时候，首要了解的就是这个资源在全球的一个分布范围和一个基本的供求关系等大体框架，如哪些地方是主产区，哪些地方是稀缺区，哪些地方是出口区，哪些地方是进口区等。世界上铜资源最丰富的国家是智利，同时，它也是世界上最大的铜出口国。美国的铜资源位居世界第二，是世界上最大的铜生产国，美国精炼铜的产量在全世界排名第一。中国是一个铜资源比较稀缺的国家，是铜进口国家。

因为铜是一种工业品，因此，其与农产品的分析面又有所区别，主要表现在它不太会受天气的影响，但因它是一种矿产，因此，会受到经济环境、地震、供求关系和运输等方面的影响，具体如下：

一是铜会受到宏观经济景气指数的影响，经济越景气，铜的需求越大，铜价就会攀升，反之，市场越不景气，制造业低迷，对铜的需求越会变少。这些经济景气的反应指标有很多种，比如采购经理人指数，该指数高于 50 则说明生产制造业比较兴盛，低于 50 的标准，则说明生产制造业比较低迷。比如美国的三大工业指数、道琼斯工业指数、纳斯达克综合和标普 500 等都能够反映经济景气的数据，这些数据对铜价的涨跌是有影响力的。例如，在 2008 年美国次贷危机的时候，铜价一路下跌，从 60 000 多元跌到了 20 000 多元，跌幅超过 80%。金融危机下，整个经济环境受到重大影响，铜价也不能幸免。

二是铜的库存影响铜的价格。我们可以关注全球铜供求及库存报告，如果库存高，则说明需求不旺；如果库存低，则说明需求旺盛。这个数据会影响铜价的上涨或者下跌。伦敦金属交易所、纽约商品交易所和上海期货交易所这三家是目前世界上较有影响力的铜商品交易所，它们的指定仓库会定期公布库存数据，这种库存数据是透明的，而且比较容易把握，一般会被投资者用来进行基本面供求分析。

三是国家政策左右铜价涨跌。比如加大国家电网的改造，电网改造对铜的需求量非常大，明显利多铜的价格。又如实行的新基建的投入计划、新能源汽车计划等对铜的需求肯定是要增加的，因为这些政策会带动很多需求。再如桥梁建设、汽车制造等方面的生产都会对铜有很大的需求带动作用。

四是铜价会受到金融环境变动的影响。铜价在国际上是用美元标价的，美元指数的涨跌对铜价会产生波动，这就是铜期货的金融属性。美元指数与铜价是一种负相关关系，美元升值铜价会下跌，美元贬值铜价会上涨，在美元的每一次贬值过程中，铜价都会走出大规模的牛市行情。

五是国际铜价和原油价格也息息相关。原油是所有商品期货中最重要的一种基础性原材料，所以，原油的涨跌与大多数的商品期货都相关联。原油需求旺盛与否，能够很好地反映经济环境的好坏。期货铜价与原油的价格是正相关的，即原油的价格上涨，铜价也会跟着上涨；原油的价格跌，铜价也会跟着跌，一般都是这个规律。

六是铜价还会受到一些突发事件的影响。比如矿难，尤其是主产区的矿难，像智利发生的一些矿难，都会影响铜的产量。

以上就是铜基本面的大致分析方法，期货交易者做到大致了解就可以了，不要死记硬背，主要掌握如何进行基本面分析即可。

## 3.3 常用基本面分析数据

分析基本面的数据指标有很多，本节为大家讲解几个经常用的数据指标。

### 3.3.1 非农数据

非农数据是投资者需要着重关注的消息面数据之一，包括美国非农业人口就业率、非农业就业人数和失业率三个数据，是反映美国非农业部门就业状况的数据指标。这些数据来源于美国劳工部，公布时间是每个月第一个星期五的 21:00 左右（北京时间）。看到这里，有的朋友可能要问，我们为什么要看美国的就业数据呢？原因在于美国是经济大国，而我们所有的商品期货都是以美元标价，所以，美国经济环境的好坏对期货的涨跌是有着重要的影响。这就是美国的非农数据与期货之间最本质的联系。

如果非农就业人数大幅增加，表明国家经济状况健康。反之，则表明国家经济状况不佳。市场根据就业人数的资料，可以对国内生产总值有个大概的预测。而非农数据对黄金和白银的走势影响尤为明显。非农数据较差，则反映美国经济状况不佳，美元会下跌，而美元标价的黄金、白银价格则会上涨。如果非农数据较好，表明美国经济向好，美元会走高，那么黄金等贵金属价格便会下跌。

### 3.3.2 采购经理人数据

采购经理人指数（PMI）是衡量制造业在生产新订单、商品价格、存货、雇员、订单交货、新出口订单和进口等几个方面状况的指数。其是一项全面的经济指标，概括了美国整体制造业，是经济先行指标中一项非常重要的指数，已经成为世界经济运行的重要评价指标和经济变化的"晴雨表"。在2005年，我国也推出了中国采购人经理指数，可以在中国的物流与采购联合会网站上查询到相关的数据，各种媒体一般也会报道，公布时间是每个月的1日。如果采购经理人指数偏低，则必然会打压工业原材料的价格。

采购经理人指数主要是反映制造业的经济总体状况是处于扩张状态还是衰退状态。它以50%作为一个分界线，指数高于50%，表明制造业经济状况良好；指数低于50%，则表明制造业经济状况下行，尤其在低于40%时，说明制造业经济状况极差。

采购经理人指数是一个前瞻性的指标，可以对未来的制造业经济状况进行预判。在不考虑其他影响因素的情况下，如果采购经理人指数偏高，那么，必然会带动一些与制造业相关的工业类大宗商品的价格上行；如果采购经理人指数偏低，必然会打压工业原材料的价格。

### 3.3.3 美元指数

美元指数综合反映美元作为国际货币在国际外汇市场的汇率情况，衡量美元对外国货币的汇率变化程度，是全球经济和金融市场的重要指数。美元指数主要由六大币种构成，分别为欧元、日元、英镑、加元、瑞典克朗、瑞士法郎，其中欧元的比例最高，超过了50%。因此，欧元对美元指数的影响最大。如果美元指数上涨，说明美元升值，由于国际上的主要商品都是以美元计价，那么，对市场的影响就是商品价格会下跌。如果美元指数下跌，说明美元贬值，那么，对应的商品价格会上涨。

美元指数整体的强弱程度以100为分界线，走势有实时电子盘，可以在交易系统里随时看到美元指数的变化，如图3-2所示。

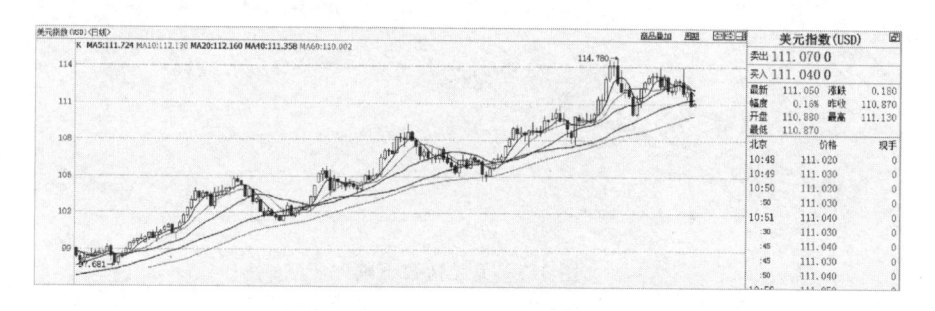

图 3-2　美元指数变化

## 3.4 基本面消息是如何影响市场的

期货市场上的基本面消息是指能够影响商品价格涨跌的一些信息。这些信息包括多方面：有宏观经济状况的信息、有政治因素的信息、有突发事件的信息、有金融市场的信息等。投资者需要分析基本面消息对行情的影响，主要是分析消息是利多于商品，还是利空于商品，从而把握交易的方向。而要掌握基本面分析知识，就要大概知道哪些因素属于利多，哪些因素属于利空。比如，从大的方面来讲，国际商品都是以美元标价的，那么美元指数的涨跌对商品的影响就是很重要的一个因素。又如，美元指数涨，大宗商品价格会相应下跌；美元指数跌，大宗商品价格就会上涨。那么，什么样的消息会影响美元指数的涨跌呢？一般来讲，美联储的利息政策会影响美元指数的涨跌，这样投资者就要关注美联储发布的消息，并对消息进行判断，进而预判行情的走向。比如 2022 年的 6 月 15 日，美联储宣布加息 75 个基点，可以查看当时的美元指数 K 线图，如图 3-3 所示，行情确实发生了比较大的变化，美元指数在这个时间点附近从 105 下跌到了 103。

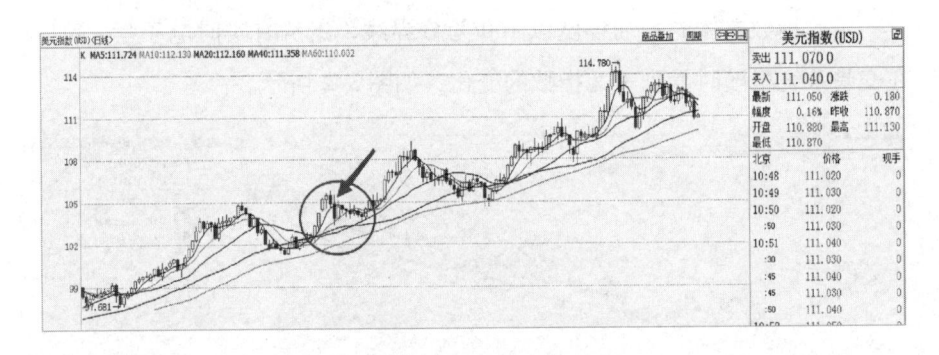

图 3-3　美元指数下跌

再如原油是世界上的重要能源，因此，它的涨跌直接影响其他大宗商品价格的波动，反过来，所有影响原油供需关系的消息也都会引起原油价格的波动。而且想必大家也早已注意到，关于原油的基本面消息非常多。而投资者要把握原油的基本面，必须对原油相关的消息进行分析和处理，对主要产油国及组织减产与增产的消息予以关注，包括某某产油国宣布减产，会刺激原油价格上升；宣布扩大产能，增加出油量，就会引起原油价格下跌。

此外还有一些基本面因素来自天气，如一旦遇到干旱天气，就会直接影响大豆的产量，进而影响大豆的价格。

可以发现，基本面消息对商品价格的影响非常直接，是一种实实在在的关联。因此，对于期货交易者而言，要时刻关注一些相关的消息，尤其是一些重大事件的发生和一些重大的政策的出台等，对它们进行正确的分析将对交易者的交易非常有帮助。

## 3.5 如何正确认识基本面数据在交易中的作用

很多做期货的朋友都喜欢研究基本面对价格产生的影响，从原理上讲商品确实是受到基本面的影响，故而这样做原则上是对的，但是很多朋友在实际的交易中并没有因此而尝到甜头，甚至有的朋友因为关注基本面消息，反而做错了方向。这是为什么呢？

如汤加火山爆发这种自然现象，谁也不会知道火山爆发的确切时间，即便是专业团队，也不能预测准确爆发时间，或是爆发还是不爆发。再如，一些战争的具体开战时间，也不是哪一家专业的咨询机构能够预测到的，很多人都知道可能会开战，但具体哪一天开战，谁也不知道。

可见进行基本面分析的时候，信息获取是一个大的难题。个人投资者基本上没有可能很顺畅又及时准确地获得一手消息，即便投资者能够获得一手信息，还需要有能力去鉴别它的真伪。

此外，在期货市场上，做交易时往往还会有这样一种体会，即有些消息投资者似乎已经知道了，也预判正确了，但是在交易中还是没有盈利，甚至亏损了。比如，有的朋友做美国大豆的时候，往往会去关注美国农业部的一些报告，在报告正式出炉之前，会有一些预测性报告，包括播种面积的预测、产量的预测等。如果播种面积的预测报告预测农业部公布的大豆种植面积大概率会扩大，则利空大豆。这时很多投资者知道了这个消息，收盘时自然会留有空单，但是到夜盘开盘时，行情并没有向下运行，而是向上突破，导致空单亏损，很多投资者是一头雾水，消息正确无误，美国农业部的报告与预测一致，但是交易还是亏损。

之所以这样，是因为基本面消息对行情影响的先后、时间上存在差别。有时候行情的波动会将基本面的消息提前消化。既然市场上存在预期下行空间，那么，行情在消息公布之前，就有可能已经在下行了，等消息公布之后，行情开始震荡上扬。这就是投资者凭基本面消息做交易偶尔会发生亏损的原因。因为你不知道市场上对消息的消化程度是什么样的，尤其是一些重大的突发性消息，更容易造成价格在短时间内大幅震荡，趋势难判，可能先涨后跌，也可能先跌后涨，都合情合理。但这无疑给交易者带来很大的困扰，为了避免这种情况的出现，有经验的投资者会在一些重大数据公开时选择空仓，不去赌大涨大跌，因为他们明白这时他们所掌握的基本面消息已经不是一种优势了，而是一种风险。

综上，投资者在进行基本面分析的时候，需要关注各方面的消息，尤其是一些重大的消息和事件。但是基本面分析只能给我们一个大致的方向，在实际的交易操作中，并不是盈利的法宝。做交易除了基本面分析之外，还要在交易技巧上下功夫，这样才能成为交易高手。

第 4 章

# 期货交易入门

## 4.1 为什么期货交易这么难

期货投资者在交易的过程中会产生许多困惑，甚至是痛苦，感觉期货的赚钱方式太过艰辛。在这里，我以一名有着十多年期货交易的老交易员的身份，将自己的交易经验娓娓道来，来告诉大家期货交易到底是怎么一回事儿，以及该如何面对和解决。

### 4.1.1 交易到底是一条什么样的道路

随着资本市场的不断发展，从事期货交易的投资者也越来越多，那么交易到底是一条怎样的道路呢？

首先，我们在上学时学习的都是语文、数学等基本的学科知识，从来没学过炒股、炒期货，这就意味着投资行业没有一个成体系的培训系统。我们熟悉的很多投资高手，基本上都是自学成才，自己阅读很多书籍，经历摔打和磨炼。再者，我们在学校里学习的知识是跟随性的，即所学习的知识都是确定性的，但期货交易却完全不是那么回事儿，期货交易的市场行情是没有规律的，是完全随机的。

但即便这个市场存在很大的不确定性，巨大的利益诱惑还是驱使很多人投入其中，尽管不尽如人意，也依然不离不弃，始终相信自己能够在这个市场上站稳脚跟。但事实上，即使在这个市场上努力的人再多，最后获得成功的也只是少数人，并且还付出了很大的代价。

### 4.1.2 到底要不要坚持下去

有很多期货交易者经常会问自己这样一个问题：自己做期货交易很多年了，也亏了不少钱，不知道自己这样坚持是在努力奋斗还是在浪费时间？关于这个问题，我想很多投资者都纠结过，到底应不应该坚持下去。

作为一名从业十余年的期货投资者，在这里，我只能用我自己所经历过的、所见过的一些人和事来对这个问题发表意见。首先，我自己刚入行时，就想往期货交易这个方向去发展，但是我也听到了行业内的各种声音，知道期货交易是一条充满了坎坷与荆棘的艰辛之路，自己畏惧过、胆怯过，害怕付出没有回报，但是犹豫过后，还是被少部分人的成功所激励。于是毅然决然地走上了期货交易这条路，到如今，也算小有收获。

以我的经历，期货市场确实是一个竞争非常激烈的市场，并不适合每一个人。但是，有兴趣的交易者、有决心的交易者，可以抱着平常的心态进入。但在进入期货交易市场后，最需要做的就是坚持，每天进步一点，慢慢沉淀和积累，不急于求成，也不孤注一掷，有足够的耐心与恒心，再加上一点儿兴趣和灵感，才能够最终在这个市场上获得成功。

## 4.2 投资期货需要思考的问题

期货交易对于广大投资者而言是有一定难度的事情，在进入期货市场前，该思考哪些问题呢？具体如下。

### 4.2.1 期货交易的本质是什么

谈到期货，很多投资者第一个想到的是期货的风险特别大，而且亏钱的人特别多，基本上没有听过谁是赚钱的。正因为没有成功的案例，引得很多人质疑。

随着期货多年的发展，已然形成了专属于期货的技术分析，也孕育了关于期货的一些理论，比如波浪理论、道氏理论等。但将它们运用于实际的期货操作中后发现还是不能盈利，于是不免就对期货交易产生了怀疑，期货交易到底有没有规律可循？市面上的期货交易书籍到底有没有用处？

要解决这些疑问，首先就要从期货交易的本质去思考，期货交易的本质是多空双方的博弈，是资金的互相斗争。《孙子兵法·虚实篇》有云："兵无常势，水无常形，能因敌变化而取胜者，谓之神。"我们要在期货市场上获利，必须通过应对行情的变化而取胜。期货市场最大的特点是不确定性，这也是期货市场存在的基础。期货市场以不断地打破我们现有的认知，以及自认为成功的交易系统来保持发展的活力。这也是为什么我们总是对期货市场缺乏把握的能力，我们所学习的理论知识到了真正交易时都用不上的原因。期货注定是一个逆向思维的产物，注定是飘忽不定、难以捉摸的。

### 4.2.2　交易有经典方法吗

市场上有很多关于交易方面的书，也有很多描述交易高手的故事，他们的传奇经历令很多人羡慕和向往，也希望有朝一日自己能成为财富故事的主角。

那么，到底有没有经典方法可以引领人们在期货交易市场上取得成功呢？

在回答这个问题前，让我们先看看期货发展的历史。期货交易开始于美国，至今已有100多年的历史，而且在这100多年的时间里，期货市场吸引了大量的高精尖人才，可以说是人才济济。

尽管人才多多，到目前为止，也还没有出现一套能够在期货市场上绝对赚钱的方法。为什么呢？因为期货市场上的不确定性，不确定性是期货市场最大的特点，也是它存在的基础。如果期货市场在哪一天具有确定性了，价格可控了，那么这个市场也就不存在了。期货市场上存在很多种赚钱的方法和技术，但都是相对的，或者在某一时段、某些时候它是有效的。因此，没有哪一种交易方法能在期货市场上绝对盈利。

### 4.2.3 什么是交易系统

大家一听到系统,首先想到的可能是一个比较复杂的结构。其实交易系统是由一系列的程序所组成的结构。这个结构可以比较简单,也可以比较复杂。简言之,交易系统是你的交易思路和交易思想。更简单一点儿,是你在什么点位下单,在什么点位平仓,你开仓的依据、平仓的依据是什么?背后的逻辑是什么?

目前的交易系统主要分为主观交易系统和程序化交易系统。主观交易系统主要以人的思维为主导,凭借交易员的经验判断来作出决策。程序化交易是依赖于一些数据进行自动交易,没有人为干预,避免人为情绪的影响,有较好的执行力。这些交易系统可以用于个人交易,也可以用于机构交易,可以设置得比较简单,也可以设置得比较复杂。当然,不管是什么交易系统,能盈利才是一个真正好的交易系统。

### 4.2.4 什么是程序化交易

程序化交易是指投资者把个人的交易思想通过软件编写成交易模型,在计算机和网络的支持下实现自动买卖的功能。程序化交易是在计算机技术发展起来之后涌现出来的一种交易方式,近些年来,越来越受到广大投资者的推崇。

下面我们分析一下程序化交易的一些重要的特点。

首先,程序化交易能够受到大家喜爱,在于它的便捷性,计算机可以轻松地帮我们完成所有交易,让我们从体力和精力上得到一定程度的解脱。有时候人的反应速度是有限的,如果要同时操作多品种的组合,人工手动很可能会忙不过来,甚至出错,程序化交易在这方面显然有极大的优势。

其次,程序化交易的另一个优点是它可以克服人的弱点,因为程序化交易是机器在交易，根据数据做出判断，回避了人的因素，计算机会百分之百地执行既定的指令，不受任何干扰。这也是很多投资者为什么选择程序化交易的一个很大的理由。

不过使用程序化交易也会存在一些现实问题。

首先，程序化交易虽是自动交易，但在实际的期货交易中，也会产生一些不能成交的风险，比如在设置条件单时，由于行情上下较快，往往成交不了，错失良机。这种情况时有发生，是投资者在利用程序化交易时需要考虑的问题。

其次，程序化交易还存在一个技术问题，要设计程序化交易软件，交易者必须要有一个系统的交易思想，并且把这种交易思想通过计算机语言表达出来。但是要把交易思想完美地展现在软件中并非易事，即便是一些比较资深的软件师，也不可能做到十全十美。由此可见，交易软件本身就存在一定的缺陷，这是不能避免的。

## 4.2.5 主观交易与程序化交易，谁更有效

主观交易和程序化交易相比较，一个是人发出的指令，一个是机器发出的指令。有的投资者赞成主观交易，有的投资者更认可程序化交易。假如投资者在同一个交易思想的指导下，分别进行人工操作与程序化操作，在这个基础上进行比较，权衡主观交易和程序化交易的有效性。

一方面，人工指令容易受到情绪的影响，机器指令则更加冷静客观，在执行的正确性方面，显然是程序化交易占优，能够更加有效地执行交易的思想；另一方面，也要考虑到任何一个交易思想和体系都不是绝对的，没有任何一种交易思想和体系能够在市场上做到百分之百盈利。即便程序化交易设计得再精良，也会出现失误。从这个方面来讲，主观交易比程序化交易更具灵活性，因为主观交易可以马上否定之前的交易思路，顺应当前的市场情况。

程序化交易是对市场交易一般规律的总结，并通过数据统计制定出一套顺应市场的交易模式。这样的模式从大概率来讲，在进行交易的时候是能够盈利的，但并不代表能够涵盖所有市场行为，更不代表永不出错，从这个角度来讲，程序化交易不像大家所传言的那样尽善尽美，也是有缺陷的，也会出现失误。

主观交易在进行交易的时候虽然灵活性更强，攻防转换更快，但是执行力始终是缺陷，会受到人性的影响，使得交易效果大打折扣。

从以上的比较可以得出：程序化交易和主观交易都各有其优缺点，不能绝对肯定哪种方式更好。在实践中，投资者更应该相信，哪一种方式运用得比较好，取得的实践效果比较好，就偏向于用哪一种方式。因为每位投资者的交易习惯、性格因素及身边的资源都不尽相同，这些都有可能决定投资者是偏向于程序化交易还是主观交易。

### 4.2.6　什么是盘感

盘感，从字面上理解，就是投资者对盘面的涨跌趋势所产生的预感，也是期货交易者平时谈论比较多的一个词语。那么，什么才是真正的盘感呢？大家该如何理解盘感呢？

其实，任何一个人对盘面的感觉都可以称为盘感。但是，盘感在不同的人那里有本质上的区别。进入期货市场一两个月的投资者，他对盘中走势也是有盘感的，比如，他认为某某品种可能会涨，某某品种会下跌，这也是他本人对价格走势的一种判断。但这种盘感是否靠得住，需要打一个大大的问号。因为他的这种盘感是说不出任何原因的一种盘感，不是真正的盘感往往是靠不住的。真正的盘感应该是：对现有的走势有自己的交易判断，而这种交易判断都是基于以往积累的交易经验。行情为什么会涨？为什么会跌？都有其背后的逻辑，都是能说清道理的，起码是自己的交易思想能解释的，且经过市场的验证，在大多数情况下是有效的。

所以，我们要能正确地区分什么是真盘感，什么是假盘感。真正的盘感是需要交易经验的积累的，是无数次交易的升华，并非一种简单的毫无基础的感觉。

## 4.3 期货入门的基本功

期货交易对于广大投资者朋友是相对陌生的，在进入期货市场前，该如何去看待它呢？根据我多年的交易经验，你需要了解以下几个方面，下面进行详细介绍。

### 4.3.1 学会控制资金和仓位

仓位是指下头寸的多少。比如，你有 100 万元的资金，大豆是 5 000 元一手，那么 100 万元可以买 200 手，当你一旦买入或卖出 200 手大豆之后，你的 100 万元资金就全部用完了，这种情况被称为满仓。如果只买了 100 手，保证金只占用了 50 万元，那剩下的 50 万元便被称为可用资金。

我们知道，期货在交易的时间段，每一秒钟行情都在波动，每一秒钟都会产生盈亏，如果交易方向是正确的，账户处在盈利状态，资金就在增加。如果交易方向反了，账户资金就会减少。如果一旦出现亏损，又是满仓，那么交易系统就会显示保证金是负数，保证金为负数会带来两个后果：一是期货公司的风控部门识别到你的保证金不足时，会对你的持仓进行一定数量的强制平仓处理，这样就会对你的交易产生严重影响。二是你的账户风险没有任何的回旋余地。当行情出现回调的时候，没有可用资金，相当于没有任何防守能力，稍有震荡就会出局，即使你的交易方向是对的，但没有守住胜利，没有在期货市场拿到利润，这是期货交易满仓造成的危害。

投资者进入期货市场，都是奔着赚钱去的，而且都想赚大钱。想要用最小的成本去赚更多的钱，因此，很多投资者都喜欢满仓下单，心里只想到赢，不考虑输，这就是心理弱点，是很多期货投资者都无法克服的。

做交易除了有一定的技术手段之外，还要有良好的心理素质，轻仓下单是十分重要的交易方式，留有一定数量的可用资金非常有必要。一是可以让投资者在交易中有足够的"战略纵深"，能够经受一定程度的市场震荡。二是可以在方向做反的情况下减少本金损失，不至于亏得太惨，为下次交易创造资金条件。在投资市场上有一句比较经典的话："始终要保住本金，留得青山在，不怕没柴烧"。不要让一次错误的交易葬送了自己的本金，让自己连翻盘的机会都没有。

## 4.3.2　控制自己的手，只做看得懂的行情

市场上的行情时刻在变化，每一分钟、每一秒钟都蕴藏着交易机会。很多投资者进入这个市场时，都有迅速暴富的心理，恨不得不放过任何一个赚钱的机会，从而快速积累财富。我也见过很多投资者，从开盘一直忙到收盘，在市场里面来回厮杀，自己累得筋疲力尽，但是结果并不是很好，把结算单打开来看，多数交易都是亏损的。为什么会出现这种情况呢？究其原因，是太急功近利，导致大多数时候都草率下单，没有经过认真的权衡。

价格的波动是千变万化的，把握价格变化的规律，是一件非常困难的事情。这个市场上有很多种分析方法和交易方式，虽然不能肯定这些方法完全有效，但也不能完全肯定是无效的，交易方法的形成都是对行情的经验总结。要知道，我们制定的任何一个交易系统和交易方法都有一定的局限性，可能在某一时刻、某一位置有效，而离开了这些特定的条件则不再

有效。所以，作为一个有一定交易理念的投资者，在进行市场交易时，他是在特定的时间和特定的位置进行操作的，并非没有任何规律地随意下单，这是一个专业投资者和业余投资者之间本质的区别。真正做到开合有度、进退有据，才能在期货市场上实现稳定的盈利。为此，我们要永远记住，不能随意下单，要对自己看得懂的行情进行操作，对无法理解、不适合自己交易系统的行情，没有必要进场交易。要明白，期货市场的机会非常多，但只有你能抓住的机会才是真正的机会，抓不住的不能叫机会，那叫损失，多看少动就是这个道理。

第 5 章

# 期货实战技巧

## 5.1 判断行情

操作的方向正确是期货交易盈利的前提,因此,期货的实战交易必须判断正确或是追求高正确率。下面为大家讲解如何做才能使期货操作的方向正确。

### 5.1.1 顺势而为是盈利王道

期货市场上盈利最根本的逻辑是顺应趋势,不能对抗趋势。作为交易者,我们所有的思想、交易方法,最终要达到的目的都是顺势而为。那么,如何才能做到顺势?前面用了大量的篇幅去介绍如何分辨趋势,就是为判断行情打下基础,故而大家只有熟练地看懂K线图,才能做到顺势交易。

结合以前学过的知识,大家可以判断出图5-1是一个明显的上涨趋势的K线图,那么,在这种上涨趋势中,我们不轻易去做空,就是顺势。

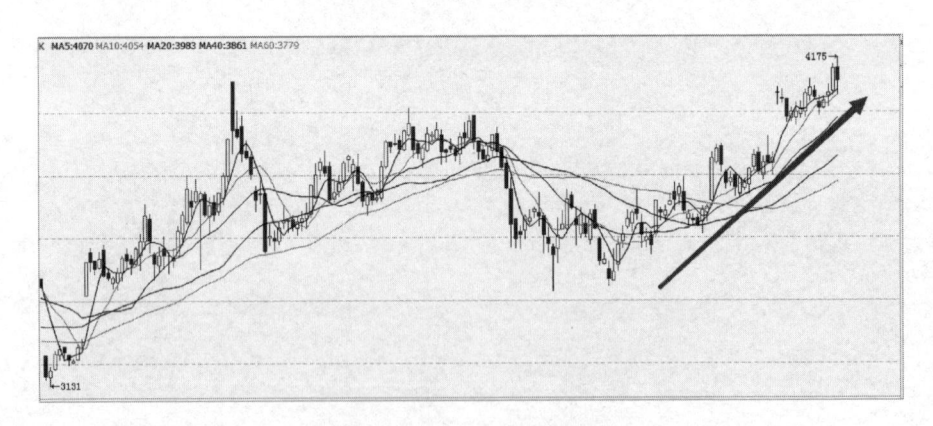

图 5-1 上涨趋势 K 线图

从图5-2中我们可以看出,这是一个明显的下跌趋势的K线图,那么,在这种趋势中,每一次上涨,投资者首先想到的应该是做空单,而不是每次下跌的时候总想去做多单，即行情下跌时逢高做空，行情上涨时逢低做多。但很多投资者有一个习惯性的思维，就是总是想抓住行情的转折点，在这种行情下，如果在标记处做多，每一次都会以失败告终。因此，作为投资者，一定要改变自己的思维，不要总认为自己能够抓住行情的转折点。退一步讲，即使被你抓住了转折点，那也只是运气，一两次而已，但是对你整个交易的胜率来讲却无济于事。

图 5-2　下跌趋势 K 线图

图 5-3 是下跌行情 K 线图。那么，如果在标记处下单，是下多单还是下空单？下多单的思维，肯定是认为这个地方是个转折点，应该是要向上的，趋势接下来会发生反转。但是大家可以再看看这个图形的整体趋势，它是下跌的，那么，你凭什么认为在这个地方一定会反转呢？前面我讲过反弹与反转的区别，这个图形明显是一个小的反弹，还没有达到反转的标准，从顺势交易的角度出发，在标记处下空单更为稳妥，因为大的空头趋势仍然没有发生根本性的变化，我们应该顺应这种趋势去操作。

在图 5-4 的一轮上涨行情中，如果投资者要在标记处下单，按照顺势而为的原理，应该是下多单，因为根据判断，这一轮小的下调只是上涨趋势中的一次小的回调，大的上涨趋势仍未发生改变。

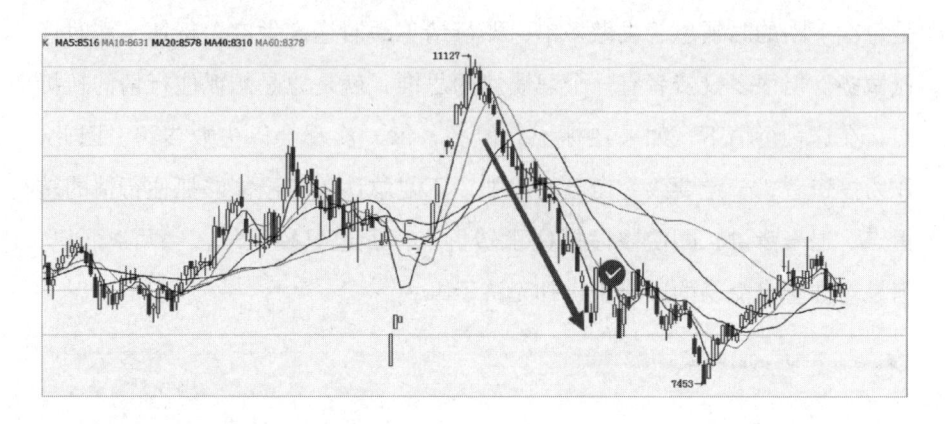

图 5-3　在下跌行情中做空

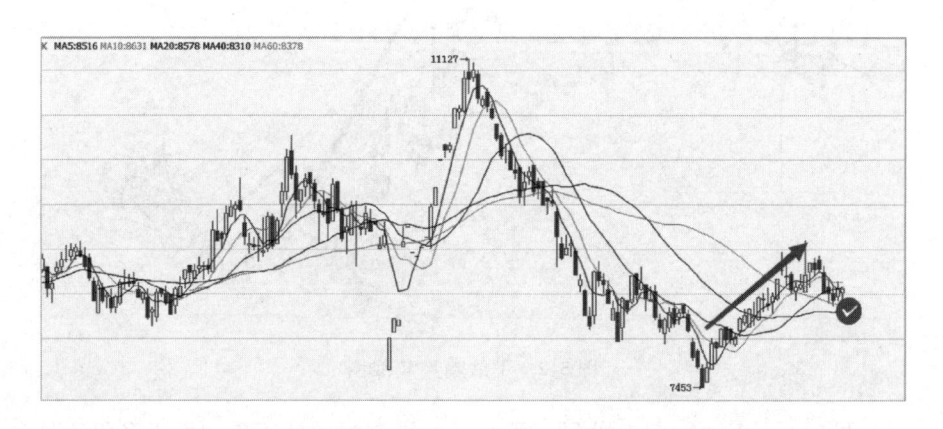

图 5-4　在上涨行情中下多单

## 5.1.2　期货交易品种的选择

大家在做交易的时候会有一个顾虑——期货交易品种很多，而且有很多品种与期货似乎不太相关，那么自己该如何选择？是专做一个品种，还是做多个品种？其实，专注做一个品种还是做几个品种并没有限制，因为品种的专一与否并不是交易成败的关键。如果你对某个交易品种的基本面非常了解、非常熟悉，而且交易的时间比较长，做起来也比较顺手，那么就可以选择单品种交易。但如果你是一个技术派，对图形和指标比较敏感，且善于捕捉机会，那么就可以做多个品种。一般来讲，从事相关产业生产贸易的客户基本上都会专注于他所从事的产业的具体品种。

## 5.2 如何开仓

在制定好交易策略后，接下来就要下单开仓。而如何在一个理想的位置下单开仓是交易成败的关键。下面就来为大家介绍如何找准下单位置。

### 5.2.1 顺势开仓法

从事期货交易的第一步是开仓，开仓的位置很关键，直接影响交易的成本和盈利与否。那么在什么位置开仓更科学呢？下面通过实例来讲解。

图 5-5 是一轮上涨行情走势，此时，不要轻易做空，但是很多投资者很喜欢逢高做空，往往会习惯性地在小旗处下空单，但从图 5-5 中可以看到，下空单是错的，因为整个行情仍处在上升趋势中。相反，在行情小幅回调的时候下多单反而是获利的大好时机。比如，在圆圈处下单。因此，在学会看 K 线的趋势之后，一旦认定是上涨趋势，就不要轻易做空，必须是回调做多。

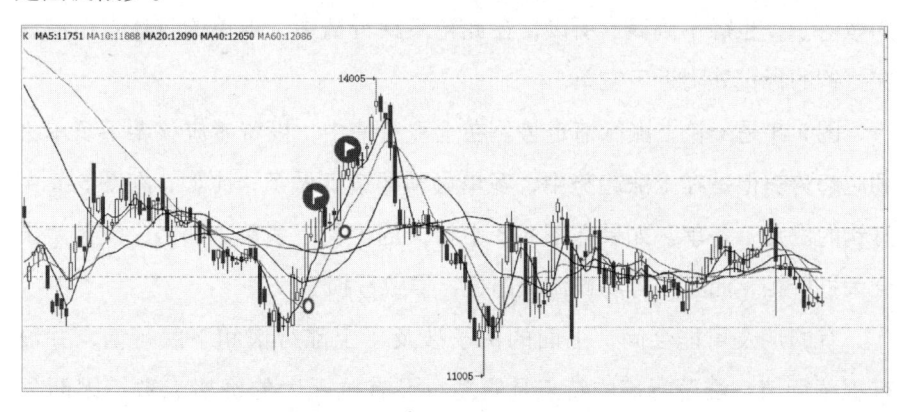

图 5-5 在上涨趋势中逢低做多

图 5-6 是一轮下跌行情走势，在实际交易中，投资者很容易在小旗处下多单，思维方式就是喜欢抄底，结果行情还是继续下行，结局是止损，只有在圆圈处逢高做空才是正确的交易操作方式。

图 5-6　在下跌行情中逢高做空

从 K 线图上寻找正确的下单位置时间跨度太大，下面利用分时图进行讲解，更有实际的操作意义。

图 5-7 是一轮下跌的日内分时图，既然是下跌，那么，投资者下空单才是顺应趋势，但是大家要区别在打叉处下空单与在打钩处下空单是不一样的效果。因为在下跌趋势中，下空单是逢反弹做空，也就是逢高做空，不是逢低做多，因此，在低点下空单很容易被反弹行情淘汰出局，即使方向做对了，也赚不到钱。所以，在此轮下跌行情中，下单的具体点位应该在打钩的标记处附近下空单。

图 5-8 是一轮上涨行情走势。在上涨行情中，投资者应该要下多单去顺应趋势。但是在上涨趋势中，多单必须要逢低做多，比如，在图 5-8 中打钩的位置下多单。如果在图 5-8 中打叉的位置下多单，那么，收益效果会大打折扣，而且很容易被淘汰出去，导致亏损。

有的朋友可能会问，上面的例子涉及了上涨行情和下跌行情，并没有震荡行情。震荡行情的特点是震荡，没有拉开大的价格点数，因而从盈利的角度来讲意义不大。有的交易者在震荡行情中盈利了一点或者亏损了一点仍不想离场，想再等等，可过了一段时间，行情又回到了原位。

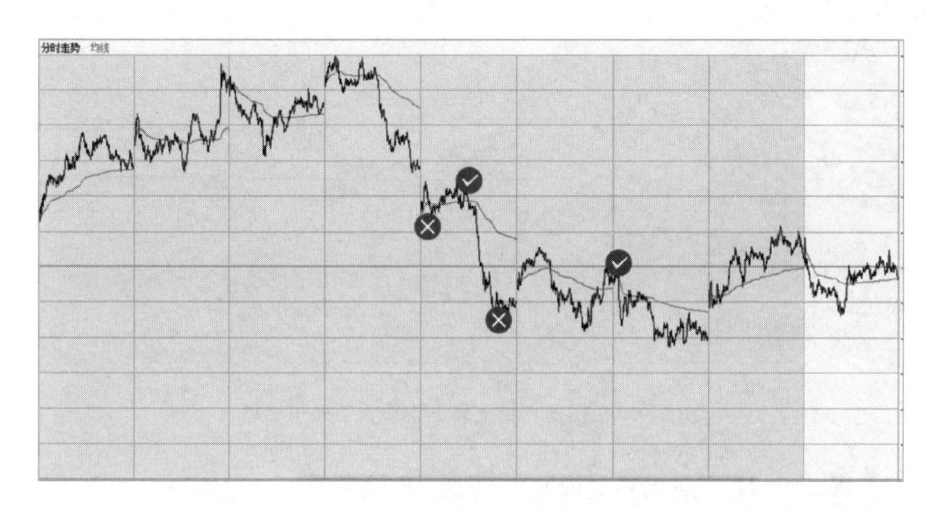

图 5-7　在下跌趋势中逢高做空

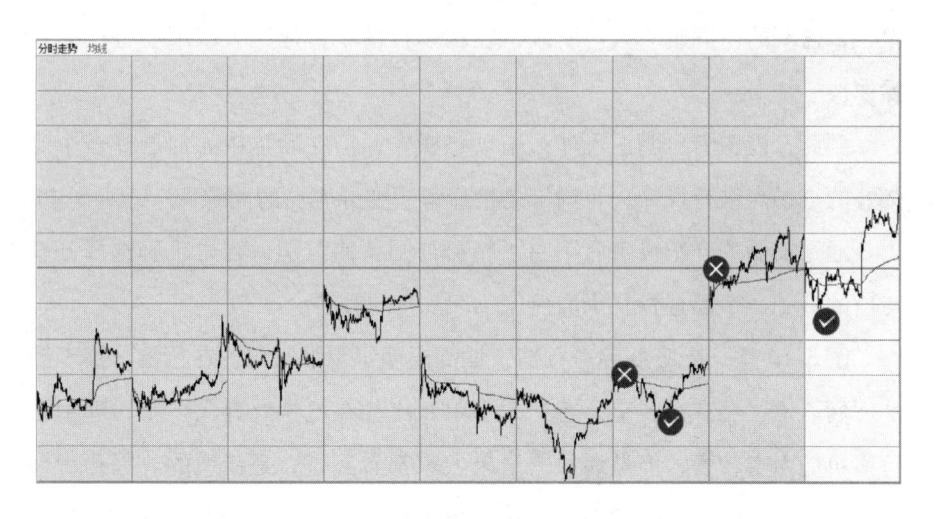

图 5-8　在上涨趋势中逢低做多

当然，有一种震荡是宽幅震荡，上下有比较大的价差，如图 5-9 所示。像这种情况，要想进行下单操作，一般是在行情上轨下空单，在行情下轨下多单。

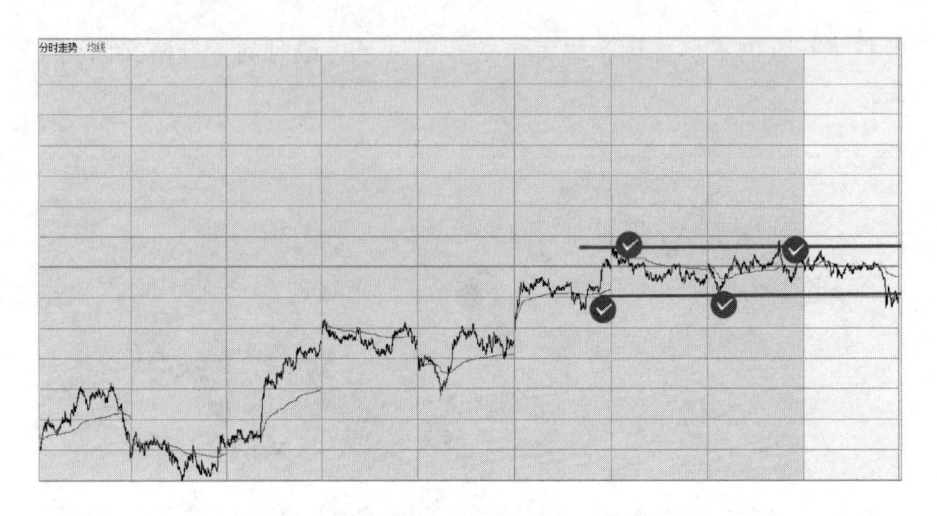

图 5-9 在震荡行情上轨下空单，下轨下多单

震荡行情最大的特点是没有方向性，也就是看不出它的趋势，只有行情走完了，才能知道它的趋势。这样在下单的时候就很容易出错，即便运气好，盈利的空间也不大。所以，在震荡行情中，建议大家不要进行交易操作。

到此，投资者已明白了什么是顺势操作，但在顺势中如何选择一个比较好的进场点进行操作，也同样是投资者想要弄明白的问题。

通过前面的介绍投资者明白了趋势与回调的区别，这里正确选择开仓点位的基础。下面通过几个实例来学习如何寻找开仓入口。

图 5-10 是一个下跌趋势行情，期间出现了反弹行情。在行情一路下跌的任何点位，会有很多交易者介入多单，比如在打钩处介入多单，理由是行情可能由空转多，但是最后的结果大家都看到了，是错误的。因为行情并没有出现反转，他们都是凭主观的想法判断行情在这个点位将要发生反转，买入了多单。所以，当行情在下跌趋势中时，不要主观认为行情将会在某处发生反转，而是要等到行情确实走出，反转趋势后，才能确认发生了反转。上涨趋势也是同理，一定要等到反转事实发生，而不是预判在某些点位上碰运气。

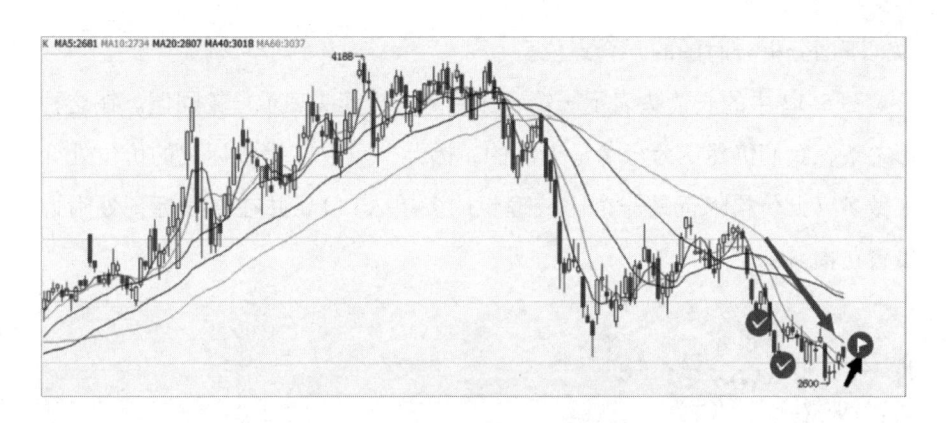

图 5-10　在小旗标注出下空单

在此下跌行情中，虽然短箭头标注的上涨只是一个反弹，并非趋势的反转，但也已是下单的绝佳机会，因此，我们应该在小旗标注的位置附近买入空单。在选择这个点位时，同时要注意反弹的点数不能过高，因为点数一旦过高，则不能定性为反弹了，很可能是趋势的改变，则由空转多。

在图 5-11 中，长箭头代表的是大的上涨趋势，短箭头代表一轮小的反弹的形成。在这种情况下，投资者可以找到一个多单的入口——打钩标记处。交易的思路是：大的上涨趋势，行情经过一小轮的回调之后，逢低买入，顺势继续做多。

图 5-11　在打钩处逢低做多

下面分析分时图的开仓点位。

图 5-12 中的长箭头表示一轮上涨趋势,短箭头表示一轮回调。在这种形态下,我们仍然认为行情是上涨的,因此,可以在横线标记的价位处介入做多(此价格附近是一个比较理想的多单入口),并在横线标记处附近设置止损。

图 5-12 在横线标记处附近点位下空单

图 5-13 中长箭头是一轮大的下跌趋势,短箭头表示反弹,出现空单的下单机会。在反弹的高点处,即横线标记处附近的点位,是一个比较好的空单入口。

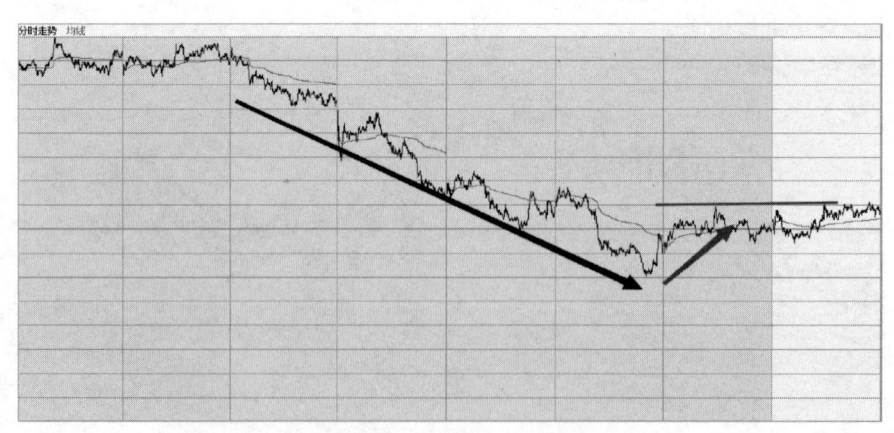

图 5-13 在横线标记处附近点为下空单

上面的几种情形比较详细地说明了下单的理想点位。主要思路是：在主趋势没有出现反弹回调之前，是不适宜下单的，因为不知道趋势还要持续多久，也没有高低点参照，很难找到下单的准确位置。一旦出现反弹或是回调，则就出现了"搭便车"的机会，顺应趋势下单，成功率相对比较高。

## 5.2.2 分割线开仓法

期货的划线分析方法有很多，但是最重要的位置是 1/3 段、1/2 段、2/3 段与黄金分割线。理论上认为，在这些关键点位处，行情受到支撑或者反转的概率相对较大。下面逐一进行介绍。

图 5-14 展示的是一个上升趋势，中间有一段反向回调。要对该趋势进行划分，就要找到它的最高点和最低点。我们看到最上和最下的线分别代表这一段趋势相对的高点和相对的低点，如果假设高低点的距离是 200 个点，那么它的 1/2 处就是 100 点的位置，即图中处于中间的线条。那么这个线条在这段行情中所代表的意义就是：当行情趋势跌到 1/2 处的价位时，行情容易受到支撑，不容易跌破，这是一个做多的理想位置。

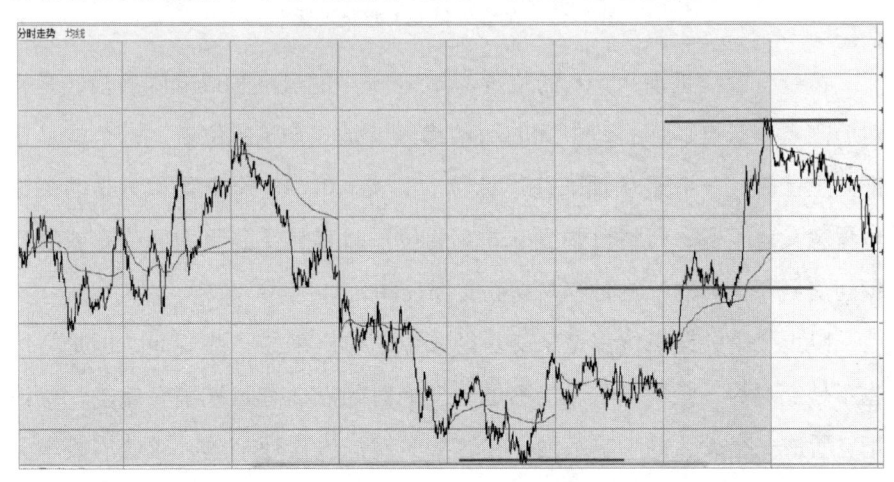

图 5-14　中间线条处是理想的做多位置

图 5-15 展示的是一个下跌趋势，尾盘时反弹向上。可以看到，这一轮行情的最高点和最低点是两条横线标注的位置，从上往下第二条横线代表整个行情的 1/3 位置，从上往下第三条横线代表整个行情的 2/3 位置。从上往下第二条横线和从上往下第三条横线所代表的意义是行情反弹至 1/3 或 2/3 处的时候，容易受到压力，不容易突破，这也就意味着在 1/3 或 2/3 处的位置处介入做空的成功概率会更大一些。

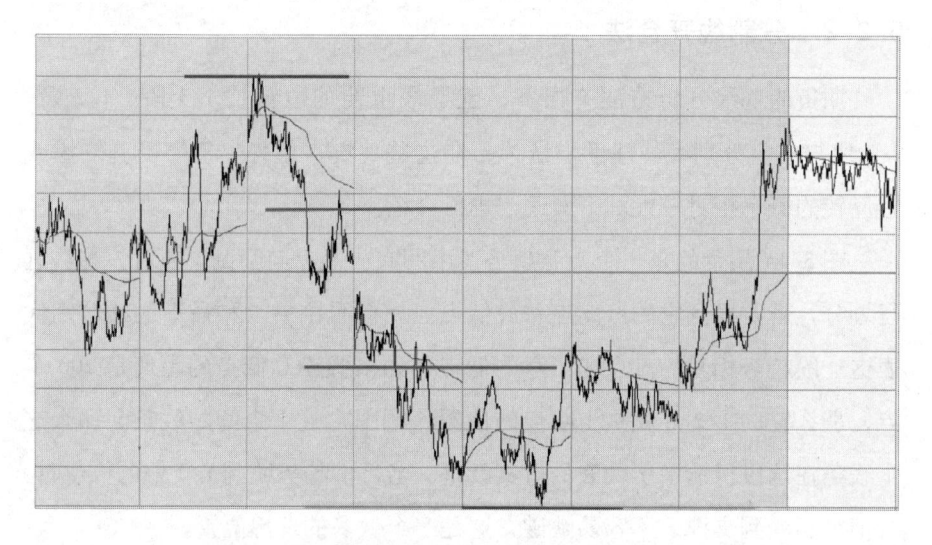

图 5-15　在 1/2 和 1/3 处介入做空

黄金分割线是指 0.618 的位置，图 5-16 中的最高和最低两条横线是相对的高点和低点，那么，中间的两条横线就是 0.618 的位置，一个是从底部向上计算，一个是从顶部往下计算。其实，0.618 的位置和 2/3 的关键位置意义差不多，行情反弹到 0.618 的位置时容易受到阻力回头，或者行情回落到 0.618 的位置时容易受到支撑反弹。

以上几个关键点位都是从交易经验中总结出来的一些规律，但是它们也不是绝对的，任何一个点位不是一个绝对的点，有时候稍有偏差，应该把它看成一个大致的下单范围，在这些关键的位置处下单，成功的概率会高很多。

第5章　期货实战技巧

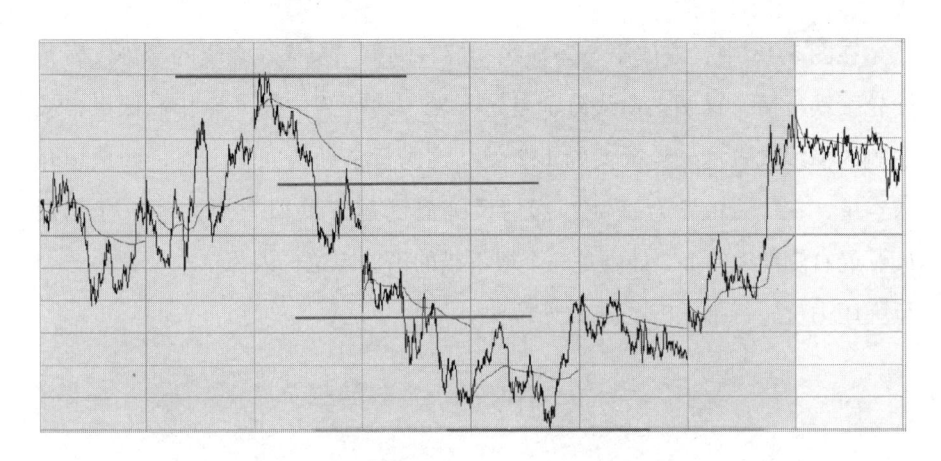

图 5-16　在 0.618 位置处介入操作容易成功

通过学习上面的关键点位理论，又找到了一个开仓的操作技巧，在关键点位处开仓的成功率相对比较高。下面举例说明。

图 5-17 展示的是一个坡度不大的上升趋势，上下两条横线分别代表这一轮趋势的最高点和最低点，处于中间的横线代表这一轮行情的 1/2 处。我们看到，行情开始回调向下，但是如果回调的时候想做反弹，应该在什么位置介入呢？在什么地方行情反弹的机会比较大？答案是在中间横线的 1/2 处，它是一个不错的多单位置，投资者可以根据自己的风险承受能力和资金状况设定一个范围的止损，这样下单成功的概率比较大。

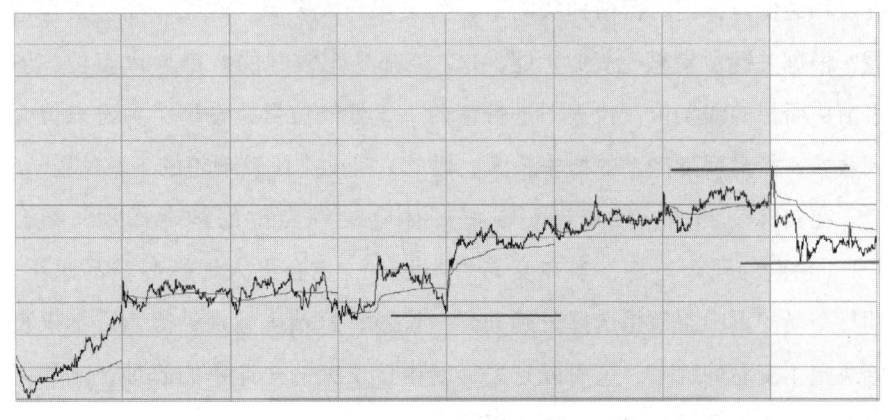

图 5-17　在 1/2 处介入做多

在图 5-18 中，左侧第一条横线和偏右侧第二条横线之间的趋势代表着一轮下跌行情，这两条横线分别是这一轮下跌行情的最高点和最低点，最右侧的横线代表这一轮行情的 1/2 处。这时行情开始回头上涨，如果想介入空单，在什么位置合适呢？行情反弹到哪里下跌概率更大呢？毫无疑问，最右侧横线的 1/2 处就是一个很不错的下单点位，因为这个位置是一个反弹压力位，行情很容易在此处掉头。

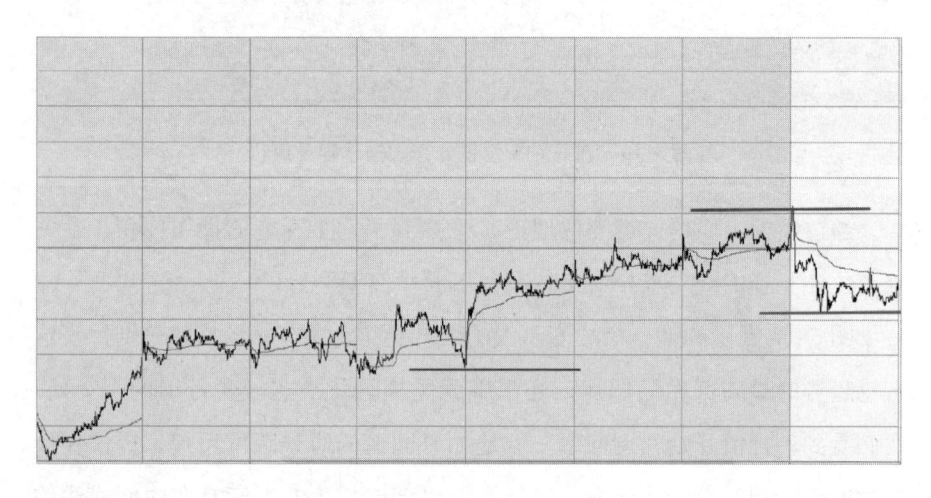

图 5-18　在 1/2 处介入做空

图 5-19 展示的是一轮上涨行情，上下两条横线代表了这一轮行情的最高点和最低点，这时行情掉头向下，如果想介入多单，在哪一个位置合适呢？根据关键位置理论，1/3 处、1/2 处都是比较好的多单介入点位，图中箭头所指的线条位置代表的是行情的 1/3 处的位置，在这个关键点位介入做多，行情反弹向上的概率较大，因此，是一个比较理想的下单位置。

在实际交易中，投资者可以好好体会关键点位的神奇作用，结合 5.2.1 讲到的开仓方法，多在交易中实践，一定会极大地提高交易水平。期货交易的重中之重是选择正确的开仓位置，越精确越好，因为它不仅直接决定了交易的胜率，还可以省去交易中接下来的一连串的麻烦，比如何时止损、是不是要扛单、大幅亏损爆仓。

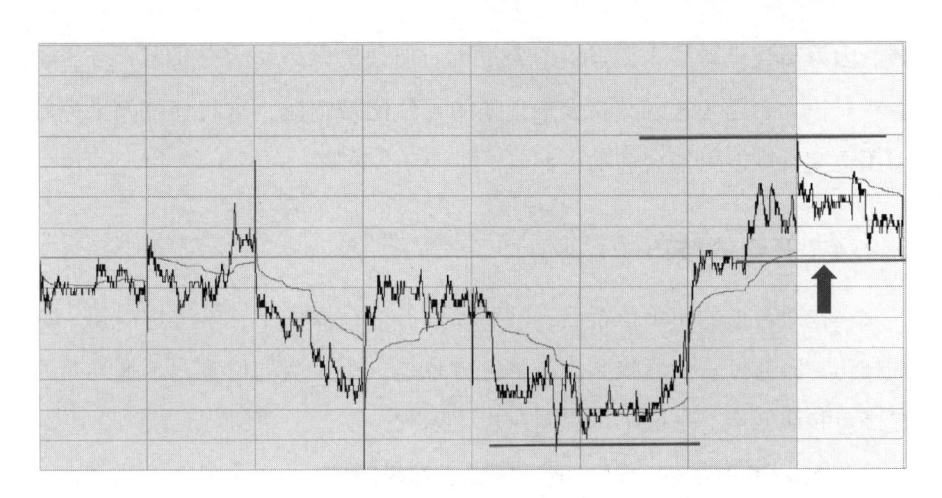

图 5-19 在 1/3 处介入做多

### 5.2.3 开仓的资金控制

期货是一种杠杆交易，100 元的期货合约价值只需要 10 元的期货保证金，10 倍的杠杆。在期货交易中开仓的时候，必须严格进行资金的控制，比如 100 万元的期货资金在进行交易时，如果满仓买入，相当于买入了 1 000 万元的期货合约。交易中期货品种的价格是波动的，当价格的波动与投资者买入的方向一致时，就会获得利润；但当价格的运行与投资者买入的方向相反的时候，风险就很大了。行情只要向相反的方向波动 10%，100 万元的本金很可能就没有了。做交易的时候首先想到的是赚钱了怎么样，很少会想到亏钱了会怎样，这是很多交易者喜欢满仓操作的心理原因。为了防止期货操作中满仓的风险，必须养成轻仓的习惯，一定要留出一部分可用资金来抵御行情波动的风险。一般情况下，期货交易持仓在 40%～50%，持仓如果超过 70%，就意味着账户的风险比较高了。

总的来说，投资者在下单时要注意两个方面：一是找点位，即找到一个比较适宜的下单点。二是控制持仓。如果仓位没有控制好，即便是点位比较正确，也很容易被止损出局。除非你是短线交易者，仓位影响力不明显,因为短线设置的止损点位不会很大。但如果你是长线交易者,受影响会相对较大,因为长线交易设置止损的点位比较宽泛,这时仓位如果控制得不适度,则很可能会前功尽弃。

### 5.2.4 开仓的技巧

在找对合适的下单位置后,就可以进行开仓操作了,不过这需要一定的技巧,因为投资者所找到的下单位置也是一个大概的位置,不是绝对的最高点和最低点。下面举例说明:

在图 5-20 所示的一轮上涨行情里,如果想要下 10 手多单,那么,一般的投资者很可能在打问号的地方直接下单 10 手成交,但是投资者必须要认识到一个问题:自己下单的点位恰好碰到最低点的概率是很小的,这 10 手的点位很可能不是最佳位置。从这个角度考虑,我们下单的思路需要做一些改变,可以考虑采用分批下单的方式来扩大范围,分别在标记问号的位置先下 5 手,在标记小旗的位置附近再下 5 手。

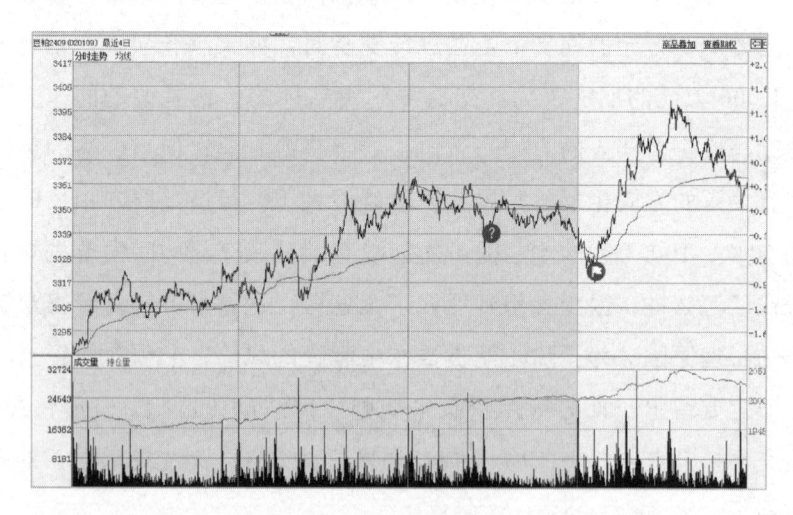

图 5-20 在最佳位置附近分批下单

对比两种下单方式的效果,第一种直接下 10 手的方式,它的均价肯定是偏高的。第二种分批下单的方式直接把均价拉低了,进场成本更低,更有利于多单的盈利。第一种下单方式是把下单的位置固定在一个点上，第二种下单的方式是把下单的位置放在一定的范围，正确的概率更大了。很明显，分批下单是较为科学的下单方式，也是在期货交易中常用的下单技巧。

其实分批下单不仅可以分两次，还可以根据情况分三次、分四次甚至更多次，目的是通过分次下单去扩大下单的准确率。

### 5.2.5 条件单的设置

很多投资者在进行交易的时候，为了免去看盘的辛劳，会在一些关键点位设置条件单。因此，条件单的设置是投资者常用的一个技能，主要有两种方法：一种是利用条件功能按键设置，另一种是利用画线设置条件单。

下面以博易大师交易系统为例进行介绍。

**1. 条件功能按键设置条件单**

打开博易大师系统，单击"条件"按键，打开"条件单设置"对话框，在其中进行多个条件的设置，比如设置的是豆粕2301合约，在最新价连续两笔≥3 778元价位的时候买入开仓两手，价格设置为对手价，条件单有效期设置成永久，如果在5秒之内未成交，则撤单，也可以重新下单，最后单击"确定"按钮，如图5-21所示。

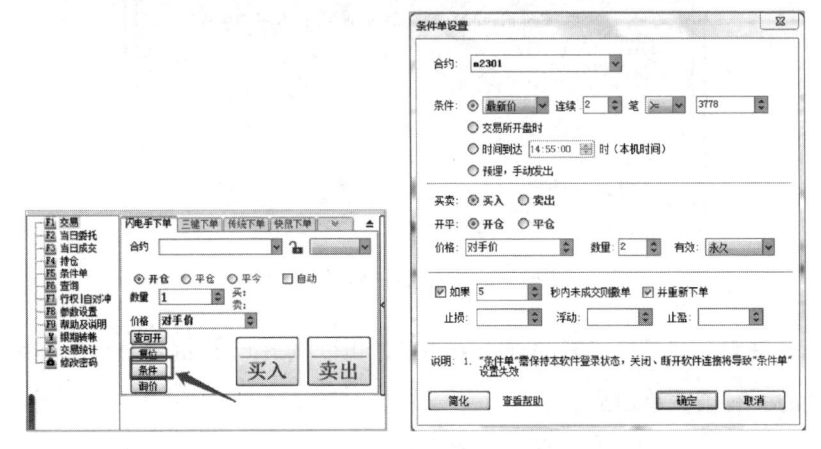

图5-21 通过条件功能按键设置条件单

如果要查看已经设置好的条件单,按【F5】键。

**2. 画线条件单的设置**

打开博易大师交易系统,在报价界面的最顶端单击"画"按钮,打开"画线下单"对话框,如图 5-22 所示。

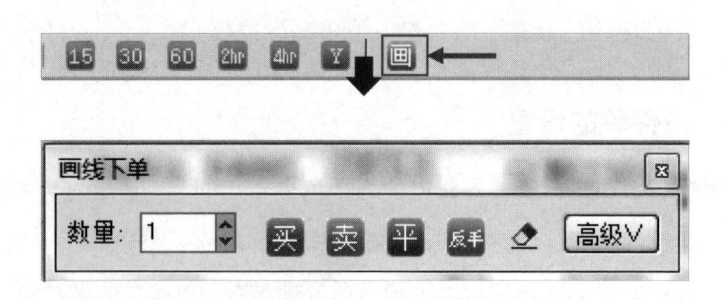

图 5-22 "画线下单"对话框

然后进行相应的操作设置,比如,在豆粕 3807 的位置设置卖出一手,再单击"卖出"按钮,在报价画面会显示一只小手的图标,把线段移动到 3807 的位置,成功后系统自动弹出提示,最后单击"确定"按钮完成,如图 5-23 所示。

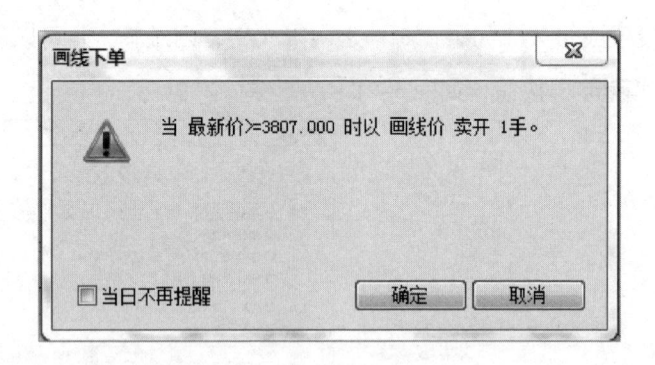

图 5-23 画线条件单设置成功

如果想查询已设置好的画线条件单,可以按【F5】键,窗口会显示已设置的所有条件单信息。

## 5.3 盈利的处理

让投资者很头痛的不仅是止损,还有止盈。为什么会出现这种情况?原因很简单:思路和方法不对。怎样解决呢?下面逐一讲解。

### 5.3.1 关于止盈

止盈,可以简单地理解为盈利到什么程度,在什么时机退出。这样看似简单的一个操作,实际上却是一件令人头疼的事情,毕竟在投资中,如果执行的时间太早,就会放过后面的利润,如果执行的时间太迟,盈利就变成了亏损。

鉴于此,解决的方法如下:让止盈的时机与交易方法配合。如果是短线交易者,止盈策略应是见好就收,而不是盈利之后由短线变成长线,继续等待更大的利润空间。如果是长线交易者,有比较大的盈利目标,在风险可承受的范围之内,可以选择等待更长的时间,哪怕盈利有暂时的回撤,也要直到达到或接近盈利目标再止盈。

当然,有一种情况是例外,自己交易单买入之后,当天获得了较大的盈利,有足够的点差,在这种情况下,可以把持仓时间适当延长,以博取后面更大的利润。即便是第二天出现相反的行情,最坏的结果也只是少赚一点儿。但是,如果第二天行情继续扩大,则有可能获得更丰厚的投资回报。

### 5.3.2 盈亏比交易法可靠吗

在期货交易中,很多朋友会有赚少亏多的局面,而且循环往复。因此,他们很希望找到方法去攻克这种怪圈,也就是每次亏损少一点儿,盈利尽可能多一些。一些投资者会说盈亏比交易法可以很好地解决这个问题，让交易在亏损时只亏一成，获利时赚到三成，甚至四成。下面就对这种方法进行解析。

在图 5-24 中，如果在打钩处下多单，按照盈亏比的交易方式设定交易计划。如果行情继续下跌 100 个点则止损平仓；如果方向做对，行情上涨，设置盈利 400 个点平仓，盈亏比达到 4:1。

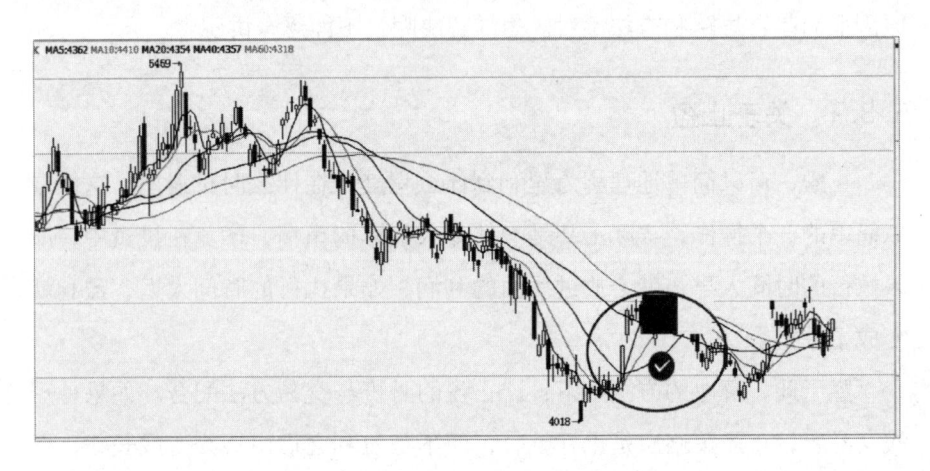

图 5-24　用盈亏比法设定交易方式

在图 5-25 中，接下来行情走到了标记的位置，已经达到了 3～4 倍的预期利润目标。

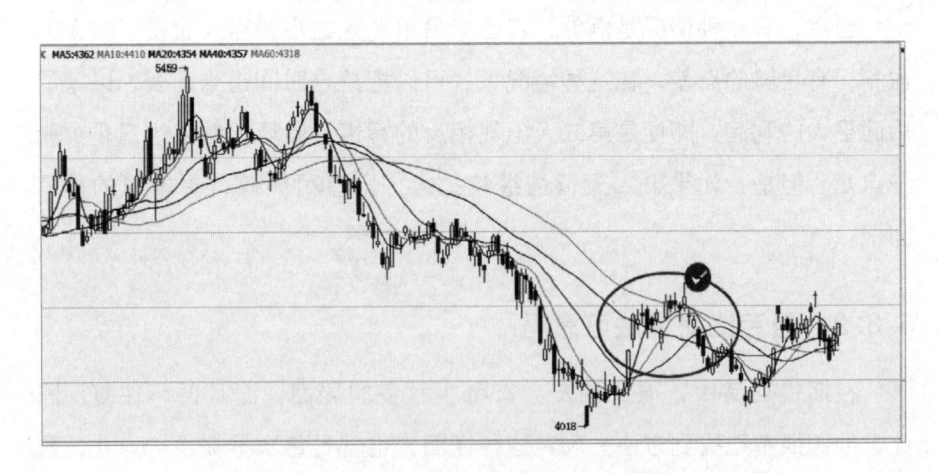

图 5-25　用盈亏比法获利 3～4 倍

在图 5-26 中，在标记处下空单，交易计划如下：如果行情往上涨超过 100 点止损；如果行情往下跌，盈利在 300 ~ 400 个点才离场，盈亏比达到 4:1。

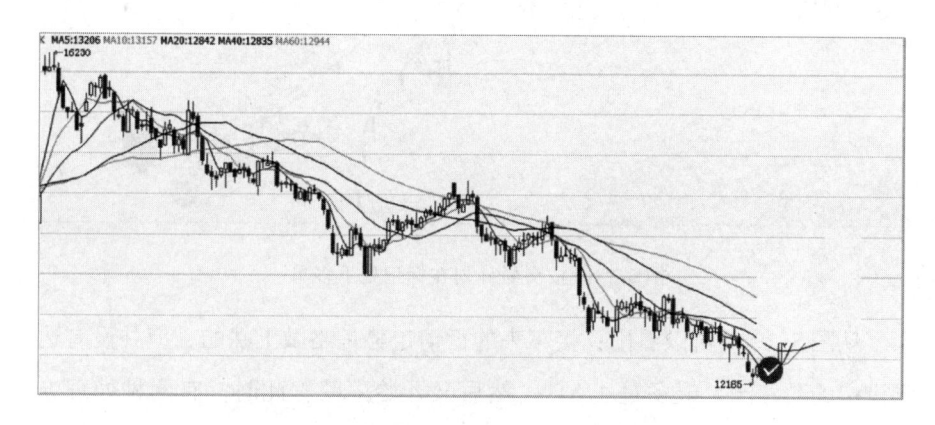

图 5-26　设定交易计划在标记处下空单

从图 5-27 可以看出：投资者对这一轮的走势判断失误，行情是往上涨的，止损离场。

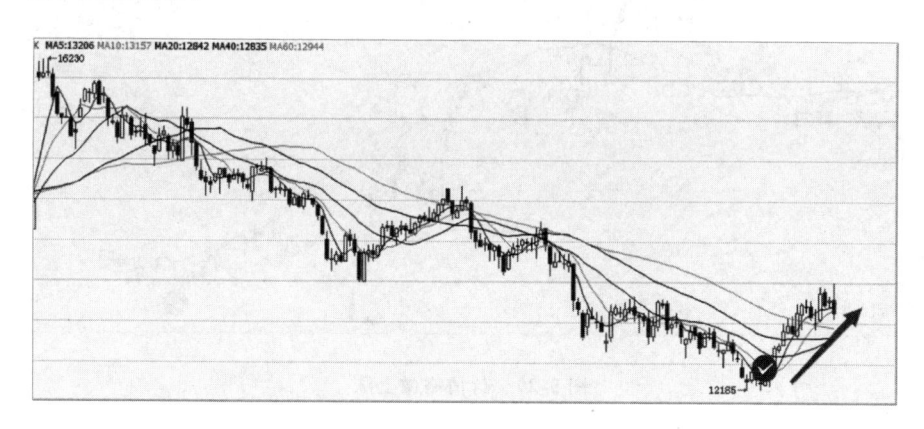

图 5-27　止损离场

在图 5-28 中，在标记处下多单，交易计划如下：如果行情往下跌 100 个点止损；如果方向正确，行情往上走，盈利 400 个点才平仓，盈亏比达到 4:1。

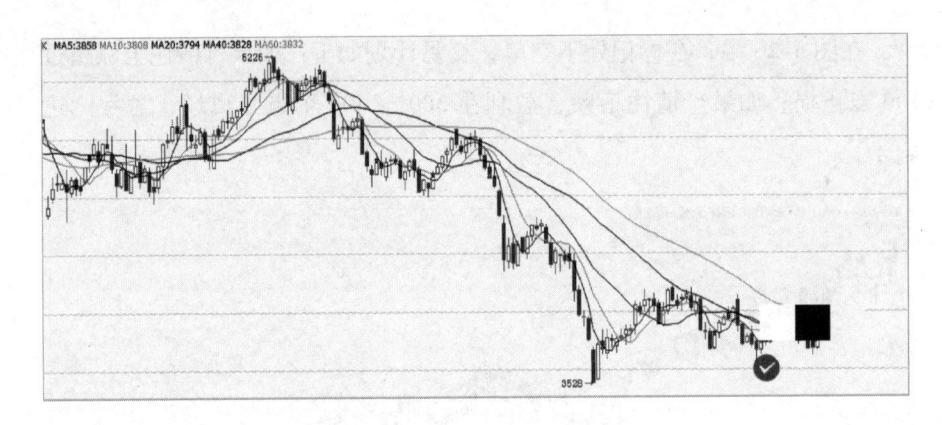

图 5-28　按交易计划在标记处下多单

从图 5-29 中可以看出：接下来的行情走势是略微上涨的，但并没有达到设定的盈亏比，最多是 1.5:1，然后又开始下跌。此时，有两种处理方式：一是没有达到获利的要求，仍然平仓了结。二是下跌之后超出止损线，止损平仓。

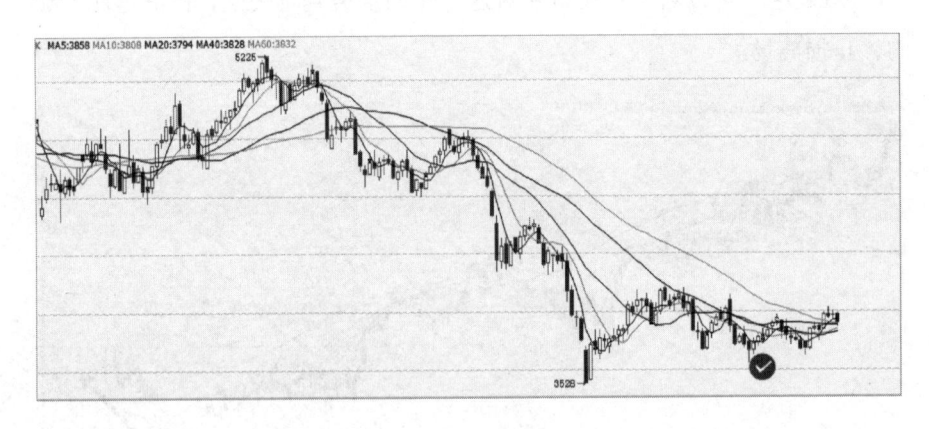

图 5-29　行情略微上涨

结合以上案例我们不难发现：盈亏比交易法是建立在对行情判断基础上的，行情判断正确，交易才能成功，行情判断错误也会导致亏损。而且这些案例都是一种理想状态下的模型，有上涨趋势，也有下跌趋势，但如果出现第三种情况，不涨也不跌，即便是行情判断正确，也不太好处理。

当然，有的朋友会说，盈亏比交易法是一种长期的方法，长时间坚持使用这种方法就会盈利,而不需计较一两次的交易。当然,理论上是正确的,但在实际交易中,行情判断对错的概率能够达到五成就已经相当不错了,实际上,有很多投资者根本无法达到五成。

综上,盈亏比交易法可靠的前提是准确判断行情的未来走势。

### 5.3.3 盈利后可以加仓吗

盈利加仓是投资者常遇到的一个问题,即在交易方向正确的情况下,加大投资的仓位,让利润增大。通常情况下,盈利加仓策略采取的是倒金字塔的加仓方法,也就是加仓的数量依次减少,当然,投资者也可以根据自己的投资风格进行等量加仓,甚至是递增加仓。

在图 5-30 所示的行情中,如果你在第一个低点下了 10 手多单,在第二个低点再加仓 5 手多单或是 10 手多单,那么便可很明显地看出,这一次加仓非常成功,因为行情没有回撤,一直是往上涨的,大大扩大了原计划的盈利目标。

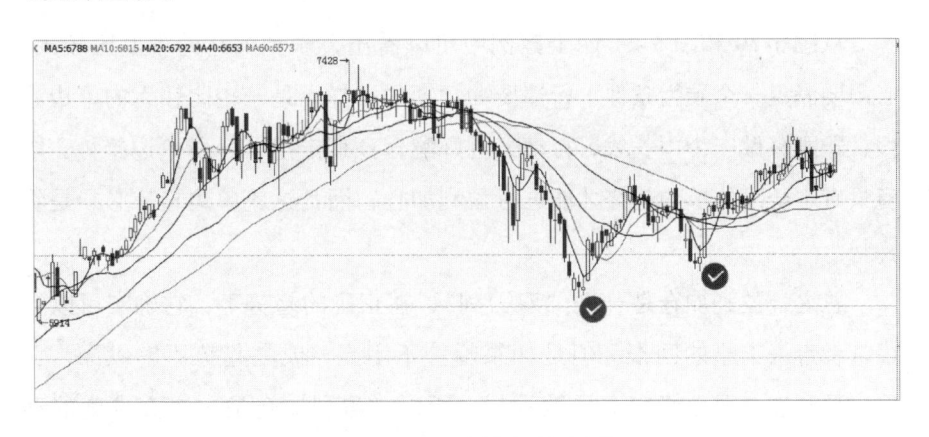

图 5-30 在两个低点处下多单

在图 5-31 所示的上涨行情中,如果你在第一个低点处下了 10 手多单,这时行情是配合的,一直在上涨。但是如果你想获得更大的盈利,在最高的地方并没有全部平仓了结,接下来行情发生了转变,一直往下走。这里需要考虑的是:如果在这一轮行情中你没有在第二个标记处盈利加仓 10 手多单，账户还是处于盈利状况，这时你的心态是良好的，还能够进一步等待行情往上走。但如果在第二个标记处加仓了 10 手多单，情况就不一样了，此时价格已经跌到了均价以下，也就是粗横线下方，账户已经从盈利状态变成了亏损状态，故而你很可能会在回调的低处选择平仓了结，在这一轮回调中被淘汰出局。

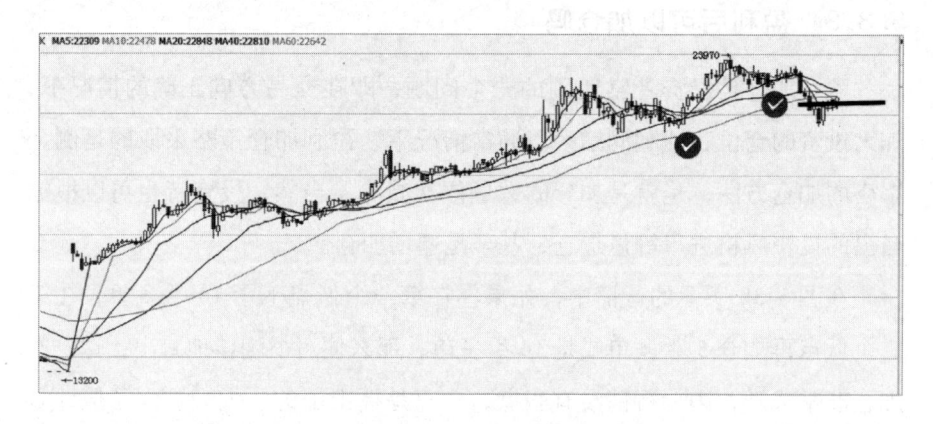

图 5-31　具有迷惑性的下单低位

从图 5-30 和图 5-31 两个案例中可以看出，盈利加仓的难度比较大，必须要满足一个硬性条件：行情要如预期的那样，是一轮比较大的单边波段，即刚好做一个中长线，行情又刚好配合预期走出了一段单边趋势。毕竟只有中长线的单边趋势才能进行盈利加仓，而且这轮单边趋势必须是阶梯状。

总之，盈利加仓是一把"双刃剑"，在正确的趋势下，它确实可以给投资者带来丰厚的回报。但是如果趋势不明显，或是趋势不够纵深，那么，盈利加仓很大概率会导致亏损。所以，盈利加仓是一个高难度的动作，需要时机、点位和行情的有效配合才能取得成功，因此，建议新手投资者慎用。

## 5.3.4　利润可以"奔跑"吗

投资者在做期货交易的时候常能听到一句话：在方向正确的时候，让利润充分奔跑，以实现盈利最大化（这是交易者最希望看到的结果），那么，在实际交易中，能不能做到利润的最大化呢？答案是能。

下面通过图 5-32 和图 5-33 进行展示，并提出克服问题的方法。

在图 5-32 中，投资者在标记 1 的位置下多单，这时账户是盈利的。此时，如果投资者一直拿住这个单子，那么就可以赚取更多的利润。但随着行情的慢慢回调，投资者会犹豫，想平仓又不甘心平仓。随着行情走到打钩标记处，利润会缩小，甚至只剩一点利润。这时如果行情进一步下探，市场会吞噬掉所有的利润，并由正转负。所以，此时很多投资者会在略有盈利的情况下平仓了结。这就是大部分投资者无法扩大利润的根本原因，既然拿不住单子，就无法让利润奔跑，因为任何行情都是会回调的。

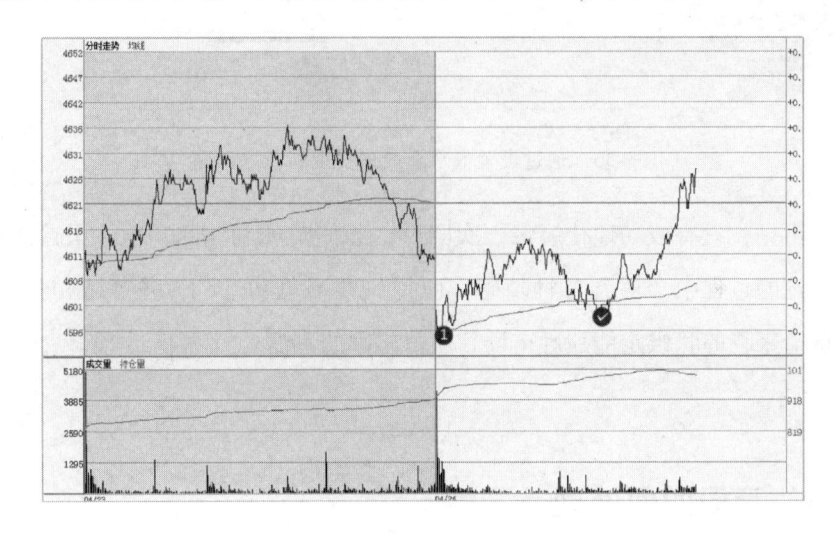

图 5-32　在标记处下多单

从这里可以看出，让利润奔跑的理论没有错，但是在实际操作中却存在很大的难度，因为期货交易存在很大的不确定性，投资者无法长久预期行情走势。

那么有没有办法来克服这种问题呢？有！我们来看图 5-33。

图 5-33 是一波为期半个月持续上涨的行情，假如最下面的横线是开仓均价，一旦发现方向正确，而且自己又想长期持有，以获取一个比较大的

波段行情，那么，此时可以把平仓线设置得低一些，只要不跌破这条线，就一直持有。只有这样，才能成功地回避在上涨过程中的任何一次下跌回调。同时，一直持有会带来两个结果：一是如果后期行情是一个上涨波段，那么就成功地抓住了整个波段的利润。二是没有出现预期的波段上涨行情，而是上涨了一点又开始回调或者震荡，结果是不亏钱，以成本价离场。

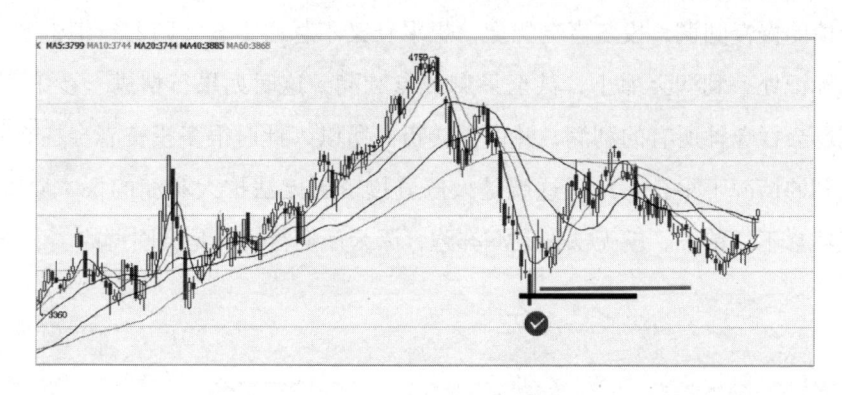

图 5-33　通过设置低平仓线来实现利润"奔跑"

可见，只有成功地化解每一次回调，才能实现利润的奔跑。虽然在利润奔跑的过程中会遇到各种障碍，但是只要不急功近利，多等待和尝试，当行情来临的时候定能战胜市场，获得丰厚的利润。

## 5.4　亏损如何处理

期货交易中如何处理亏损是一个永恒的话题，也是热度最高的话题，更是一个绕不开的话题。那么到底该如何止损呢？可能看法有很多种，但抓住亏损的本质才是重点。下面分享几个关于止损的观点和方法。

### 5.4.1　扛单可以战胜市场吗

期货交易中遇到亏损是常出现的情况，只不过，面对亏损，有的投资者及时止损离场，有的投资者选择与市场"对抗"，即一直硬扛着单子不止损，直到行情反转。从期货交易的一般思维来讲，止损离场的交易者属于理性且正常的做法。扛单的做法，一般不被认可。

扛单是一种风险性极大的交易手法，但在交易中却屡见不鲜，究其原因，不乏扭亏为盈的例子。

要找到扛单是否可以战胜市场的答案，可以从两个方面来探究。

一是期货交易是保证金交易，这也就意味着，我们的保证金往往只是合约资金的1/10，比如，10万元的期货交易资金，可以买入期货合约的价值在100万元左右，资金最大的承受力是该商品价值波动10%的范围。比如某种商品的价格是5 000元一吨，如果跌到了4 500元一吨，或是涨到了5 500元一吨，在交易方向错误的情况下，10万元保证金一下就消耗殆尽了。

二是期货交易是一种不对等的对抗，除非投资者不停地注入资金去抵消亏损，否则投资者必将是失败的一方。大部分期货交易者进行期货交易之前都会有资金预算，比如10万元、50万元、100万元，但在分配资金的时候，只有极少数的人会留后备资金，一旦期货账户的资金告急，将很难再继续进行交易。

有朋友可能会说：没关系，我有充分的资金准备，一旦发现资金不足，立马注入资金，直到行情回头为止。这样真的可行吗？来看一下下面这种情况。

图5-34是原油2021年底到2022年3月的走势，大盘417点涨到了823点。假如在420点下了一手空单，则一直处于亏损状态，如果坚持到820点还不平仓，原油一个点是1 000块钱，400个点，一手原油亏40万元。暂且不论投资者是否有这么多的资金，亏这么多点，首先投资者从心理上就会受不了，而如果此时行情走势又没有要大回调的迹象，甚至会崩溃。由此可见，在上涨或下跌的大行情中坚持与市场对抗是不现实的。

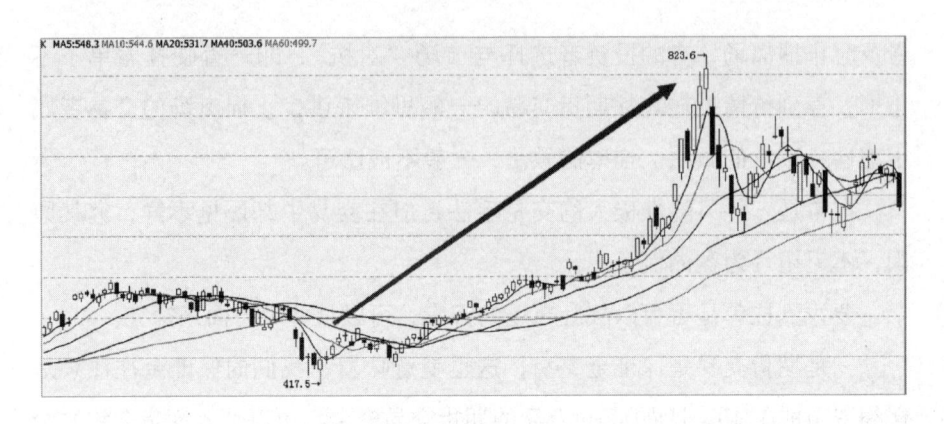

图 5-34　大盘从 417 点涨到 823 点扛单后果

不过在震荡行情中与市场对抗可能会有生还的机会，但是一旦出现大的单边行情，损失同样非常惨重。我们从事期货交易讲究的是：尽量在稳定的期货市场赢取利润，并不主张孤注一掷。因此，扛单不是期货交易中的正确方法。

## 5.4.2　频繁止损是为什么

止损是期货交易中的一种防止亏损进一步扩大的手段，与止盈是相对的。在实际交易中，很多投资者都会有这种感觉，止盈基本用不上，止损却常用，甚至有时候来回止损，感到非常困惑。

在图 5-35 的行情中，要在圆框内的这一时间段下多单，真正的机会只有一个点，就是打钩的标注处（是最低点），除此在其他任意一个时间段下单都有可能止损离场（做多失败），这也就意味着在正确点位上下单的概率很小，并不像理论分析的那样多空比例各占 50%，这也是投资者为什么常下错单的主要原因，甚至有时反复下错单，导致做多是错，做空也是错，不得不进行多次止损。

同时，很多交易者喜欢频繁交易，当行情走到图 5-36 打钩标记处，他们很可能会下空单，急于入场或挽回损失，这时虽有短暂的盈利，但之后行情顺着箭头的方向开始往上拉升，走出了多头行情，这次的空单又以止损离场（做空失败），投资者有可能连续做错多次。

第 5 章 期货实战技巧

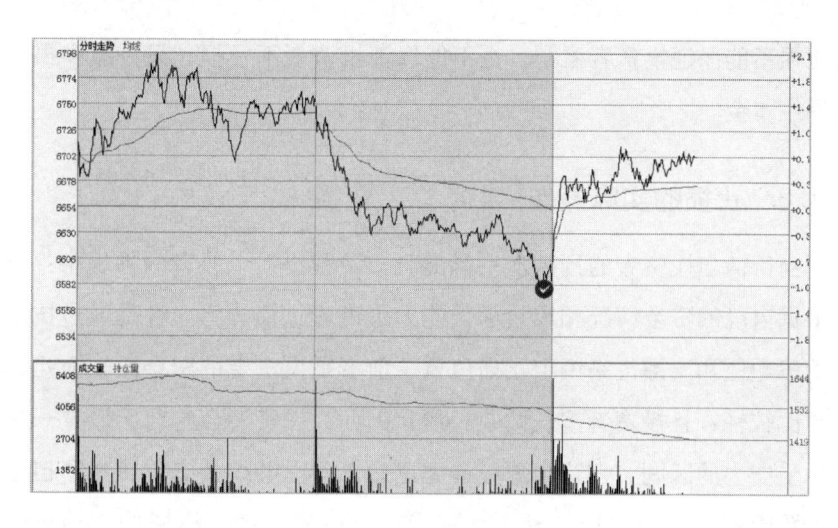

图 5-35 在打钩处下多单

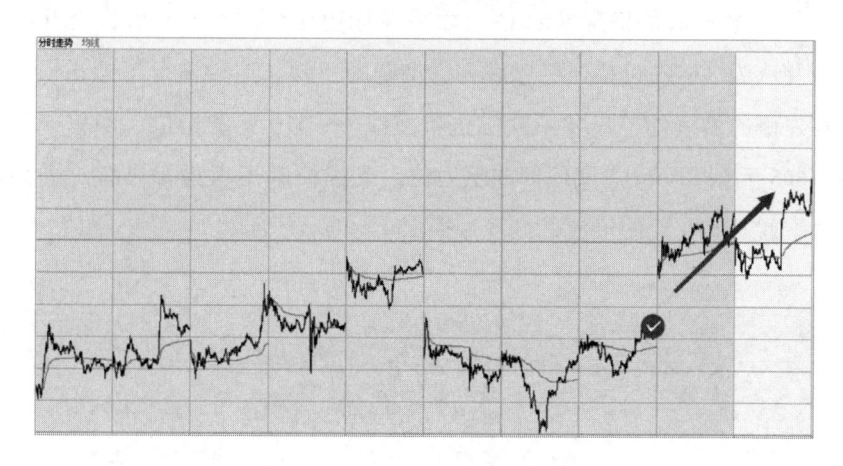

图 5-36 在打钩处下空单止损离场

从上面的情况可以看出，反复止损并非运气差，而是客观上行情没有我们想象中的那么容易把握，最高点和最低点往往出现在一分钟或者十几秒的时间内，投资者很容易错过。主观上是投资者没有对行情走势、趋势或基本面等进行深入研究分析，在急于求成的心理作用下做出了错误的判断；本质上是投资者的交易手法还不够成熟，自己的预判和胜率远未达到合格的标准，失利在所难免。

另外，投资者不能把止损作为期货交易盈利的秘籍或是保险手法，因为止损不能保证投资者盈利,也不能保证投资者不亏损,只是减少损失尽量保住本金。

### 5.4.3 止损的实际操作

当行情与投资者的预判发生偏离时,设置止损一般有两种思路:一种是根据自己的资金情况和风险承受能力去设置止损。另一种是通过技术分析的压力位和支撑位来设定止损位置。前者是投资者的资金比较充足,仓位也比较轻,且投资者擅长做中长线,因此,投资者会给自己设定一个风险承受能力的区间,在这个承受能力之内,可以继续持有;超过了自己的风险承受能力和预警线,立即止损出局,这是一种大格局的止损思路。图5-37为铁矿石的情况K线图,如果在标记红线的605元价位处开始做多,并认为铁矿石价格已经触底,行情随即反弹。这种情况下把止损位置设在左侧的横线处,只要不跌破这条横线——510元的价位,多单一直持有。605元到510元之间任何的阻力位、支撑位都不考虑,只有一个心理价位,就是510元的位置,最多亏损95个点。

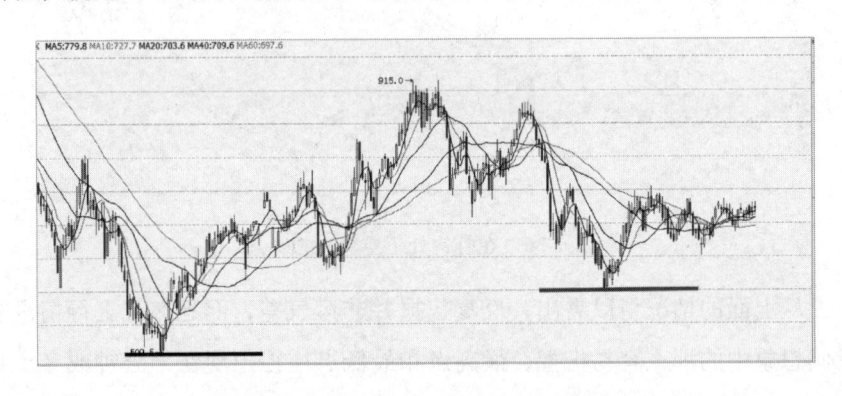

图5-37 根据资金和风险承受力设置止损位

后者是依靠技术分析的支撑位与压力位设定止损位进行操作的。图5-38中的横线位置表示上升通道的一个压力位,如果投资者在压力位附近的问号标识处下空单,认为行情在压力位处受到压制可能会回调。那么,止损位就应该设置在这条压力线稍微偏上的一个点位,也就是画叉标识的附近。一旦行情没有回调,继续上冲,那么投资者就应该在画叉标识附近平仓了结。这是利用压力位设置止损位的方法。

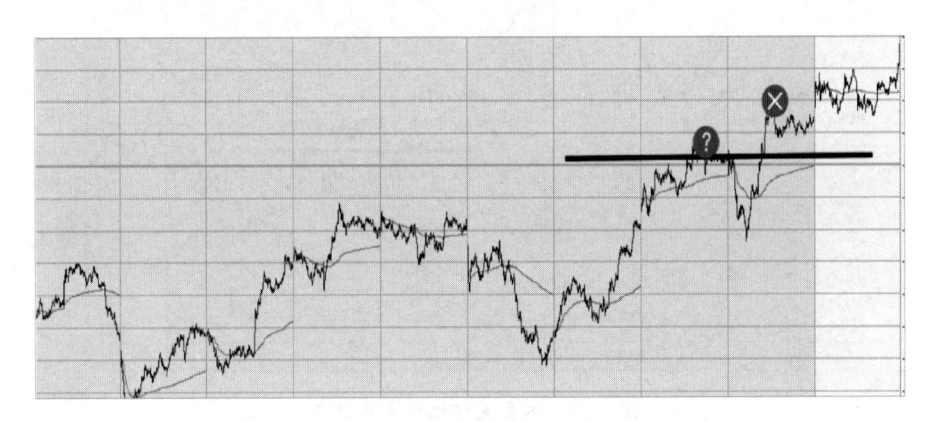

图 5-38　依靠压力位置止损位

需要注意的是:止损位要略高于压力线,因为有时候行情的运行并不是刚好在压力线的点位出现转折,有时会多一点,有时会少一点,投资者不要呆板地把压力线这个点位作为行情转折的点,压力位不是一个点,它是一个范围。

图 5-39 是一轮下跌行情,如果投资者准备在问号标识处介入多单,理由是此处已经形成了一个平台,横线处是一个有力的支撑位,行情应该看涨。在这种情况下,投资者在设置止损的时候应该在这个支撑位以下的小旗子标识处附近设定止损点,一旦行情向下触及止损点,则平仓了结。这是依靠支撑位设定止损点的方法。

需要补充说明的是:自己设定止损计划后,态度一定要坚决,不能拖拖拉拉、犹豫不决。

有的朋友会问:如果自己刚止损,行情就反弹,该怎么办?其实这是一种侥幸心理。为什么不想一想,如果没有及时止损,损失越来越大的后果呢?而且即便行情反弹,也只能说明一个问题,即你当初下单的位置并不理想,并不是因为止损带来的失误,此时更应该去好好修炼一下交易操作的基本功。而且可以肯定的是，此时你的止损操作没有任何问题，是一个正确的操作。

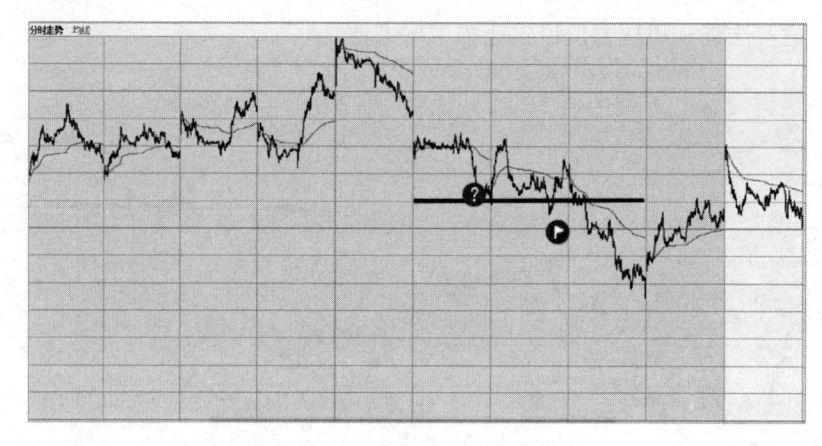

图 5-39　依靠支撑位设定止损点

## 5.5　交易时间的处理技巧

期货交易中很多投资者可能大部分时间都在分析基本面和技术面的相关指标，认为这些是交易成败的关键。但在这里我要补充一个新观点：在交易中投资者也要花精力在交易时间上下点功夫，因为毕竟交易时间的管理在实战中也非常重要，作用也非常大。

### 5.5.1　期货交易中的时间杀手

在期货交易中，投资者往往会全力关注行情的波动，而很少注意期货交易中时空的转变对投资者带来的影响。毕竟期货交易是分时间段的，什么时候开盘，什么时候收盘，这里面都有学问。因此，投资者要小心把握这些时间段，才能更好地进行交易，否则就会带来一些不必要的损失。

总的来说，在交易时间方面，投资者应注意以下两点。

首先，要特别注意来自基本面的消息。如果是在非开盘时间发布消息，那么通常会对盘面产生重大影响，以致在开盘时对自己手上的持仓来不及处理，造成损失。因此，投资者平时要多关注一些重大消息的公布时间，尽可能做好应对。

比如，2022年4月22日，印度尼西亚宣布禁止棕榈油出口的消息一经发出，便使得国内棕榈油期货行情在当天晚上开盘后直接被拉升了几百个点。这种情况下，投资者如果做对了方向，便是意外收获。如果收盘之前留的是空单，则没有办法处理，宣布消息的时间是在国内的收盘时间，而且休市期间国内也无法进行交易，这就是消息面利用时间差造成的重大损失。

其次，要注意开盘、收盘的时间。目前，期货交易的交易时间段实行三段制，上午盘、下午盘和夜盘。其中，夜盘作为一个交易日的开始。由于下午盘在15:00后收盘到夜盘21:00点开盘，中间隔了6个小时，因此，有一定的时间风险。而且就目前的交易时间段而言，这是风险最大的一个时间段，因为在这个时间段很多国际盘都在连续报价交易，不断在变化更新，导致国内期货在21:00开盘时，很容易出现跳空高开或者低开的情况，打破止损的界限，造成投资损失。

比如，图5-40和图5-41中画圈的位置是跳空缺口，而且都是发生在15:00收盘到21:00开盘的这个时间段，可见存在相当大的交易风险。

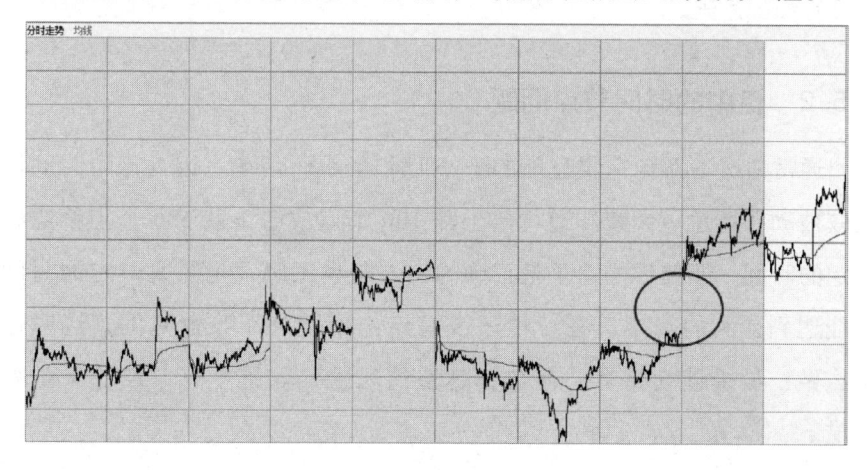

图5-40　15:00到21:00出现跳空缺口1

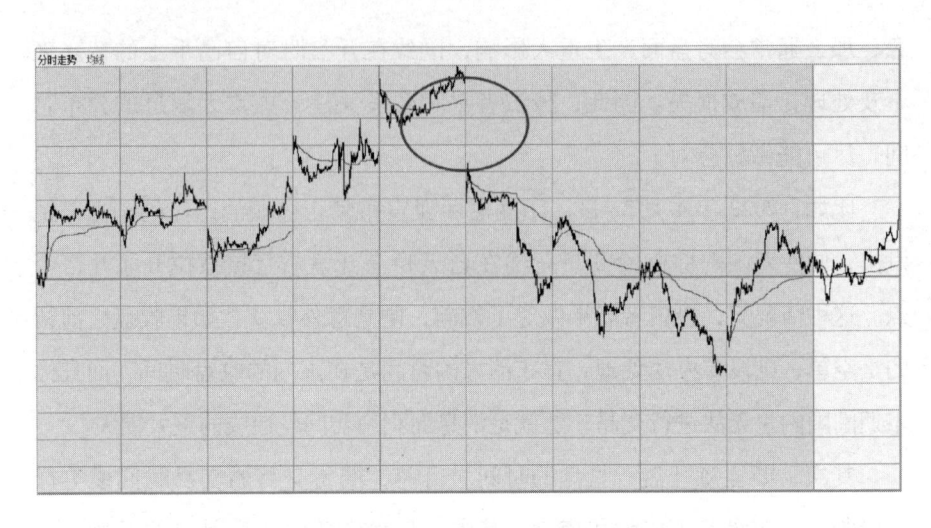

图 5-41  15:00 到 21:00 出现跳空缺口 2

从日内交易时间段的间隔,可以延伸到节假日的时间间隔,常见的五一、国庆、春节等超长假期,国内是休市,而国际盘要连续波动几天的时间,这种风险比日内交易间隔的风险要大很多倍,常会出现节假日后第一个交易日出现涨停或者跌停的情况。有些交易者喜欢在这种节假日赌一把,甘愿冒较大的风险。不过,如果期货交易不依靠稳定的盈利而去追求这种不确定性的收益,那么注定是亏损的,即便是一两次运气好,最终也难逃亏损的后果。

## 5.5.2 盘中的时间节点问题

通常情况下避免在收盘前的一小时和半小时下单,因为这个时间段比较被动和尴尬。大家知道行情上涨 100 个点或者下跌 100 个点都需要一定的时间,即使你的单子是正确的,方向也正确,也需要一定的时间才能达到盈利的目标。在行情还没有走出前就到了收盘时间,这时你怎么做?如果继续持有,存在着跳空的风险;如果平仓,自己又觉得可惜。

正确的做法是:下单时,应该选择交易时间较长的时间段,要给行情充分的波动时间，这样无论对单子的盈利还是止损都是有利的。从期货交易制度可知，从 9:00 开盘到 15:00 收盘的时间段是连续交易时间最长的，间隔时间也是最短的。因此如果行情配合持仓，9:30 到 10:30，是一个较好的下单时间段。

## 5.6 交易中不可忽视的交易所制度

在期货交易中，不仅要注意资金管理和交易方式，还要重视期货交易的游戏规则。在我国，期货交易的规则是由交易所制定的，因此，必须了解交易所制度对交易会产生的影响，如此才能成为一名专业的投资者，才能在期货市场获利。

在交易中，投资者遇到最多、最重要的交易规则主要是保证金制度和涨跌停板制度。

### 5.6.1 保证金制度

交易所一般在长的节假日或某一个品种产生大的波动或某个品种交易量过于活跃时，提高相应品种的保证金。

例如，某商品的正常保证金是 10%，五一长假即将来临，那么，交易所会将保证金由 10% 提高到 12%。这时期货交易商也会跟着上调保证金，通常是在交易所的标准上再往上调，调到 15% 或更高。原本 100 万元资金的账户有 20 万元的可用资金，保证金上调之后，有可能保证金变成负数。现行的交易制度规定，当交易账户保证金低于 100% 时，期货公司有权强行平掉客户的部分仓位，直到可用资金变成正数，即你有 80 手的仓位，在保证金不足的情况下，期货公司很有可能会强行平掉你 10 手持仓，让你的账户变成 70 手的持仓，导致投资者损失。好巧不巧，当你现有的持仓保证金不足时，一般是行情反转向有利于你的方向运行，由于你的仓位比以前少，也会造成亏损多、盈利少的现象。像这种情况解决的方法很简单：轻仓下单，让自己留有一定数量的可用资金。

### 5.6.2 涨跌停板制度

我国的期货交易有涨跌停板制度，即当行情出现极端的时候，一天之内最多涨跌幅的比例，比如5%、6%等。当出现第一个涨跌停板之后，第二个涨跌停板的幅度会相应增加。如果出现第二个涨跌停板，第三个涨跌停板的幅度又会比第二个涨跌停板的幅度更大，比如7%、10%、13%（第一个涨跌停板是7%，第二个涨跌停板是10%，第三个涨跌停板是13%）。如果在交易中遇到这种情况，对投资者而言是十分危险的，当交易方向正确的时候，可以高枕无忧，但是方向一旦做反，这种情况尤其要注意，因为期货交易的保证金是10%～20%，如果投资者的持仓占资金的80%，可能在第二个涨跌停板时，保证金就已变成负数。如果没有足够的后续资金，很可能会被强行平仓。而且在这种情况下，强行平仓还有一个特别的点：在涨跌停板的情况下，亏损的单子不一定能平仓，多数情况下是平不了的。比如，投资者有一手多单，第二天行情跌停了，跌停板没有打开，一直是封板状态，这时多单平不了仓，止损的机会都没有。如果第三天再来一个跌停，你只有承受更大的损失。这就是为什么会有客户保证金倒欠交易所的情况。比如，2008年的金融次贷危机，连续13个跌停。而且这种行情还有一个气人的规律，当你承受了连续的跌停之后，资金损失殆尽，已经被踢出局，没有任何反抗能力，也没有任何减仓的本钱时，行情往往是大跌之后必有反弹，大涨之后必有回调，行情很可能又会回到原来的价位。在期货交易市场上，这种故事来回上演，比如2022年的镍行情，如图5-42所示。

如果你在打钩处下了空单，那么，接下来是三个涨停，无法平仓止损，接着，行情在顶部打开板，强行平掉你的持仓，把你踢出局之后是两个跌停，又回到了原来的价位。虽然行情回来了，但是你的钱回不来了。

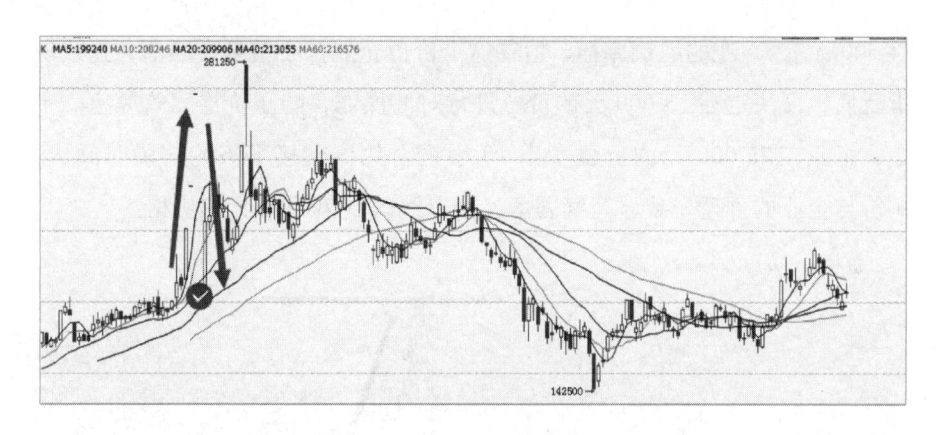

图 5-42 镍连续涨跌停行情

这种行情一旦做错方向，不但资金遭受损失，心理上还会遭受重创。因此，投资者一定要防患于未然，做到对这种极端行情有充分的心理准备，尽最大努力避开。因为这种行情哪怕是碰到一次，本金的损失和心理上的打击都会很大。

## 5.7 期货的套期保值操作

对于一般的期货投资者而言，很少会接触到套期保值。但它作为期货市场的一项重要功能，对于现货加工企业有着重要的意义。下面我根据情况做些介绍。

### 5.7.1 套期保值的实操（无基差）

套期保值主要用来化解现货贸易中存在的价格风险，是现货企业经常用到的风险对冲工具。下面用一个实际案例来说明套期保值的过程及作用。

图 5-43 为上海铜下跌波段走势图，顶部横线的价位是 75 000 元，底部横线的价位是 70 000 元。有一家铜材的加工企业，由于生产的需要，在

74 500 元有 50 吨的纯铜库存,但在这个价位企业担心铜价会回落,造成现货贬值,便决定在 75 000 元的价位进行对冲操作,防止价格回落风险。于是,企业在 75 000 元的价位卖出 10 手铜合约。在接下来的一段时间内,铜价与企业的预期一致,持续回落,慢慢跌落到 70 000 元的价格。

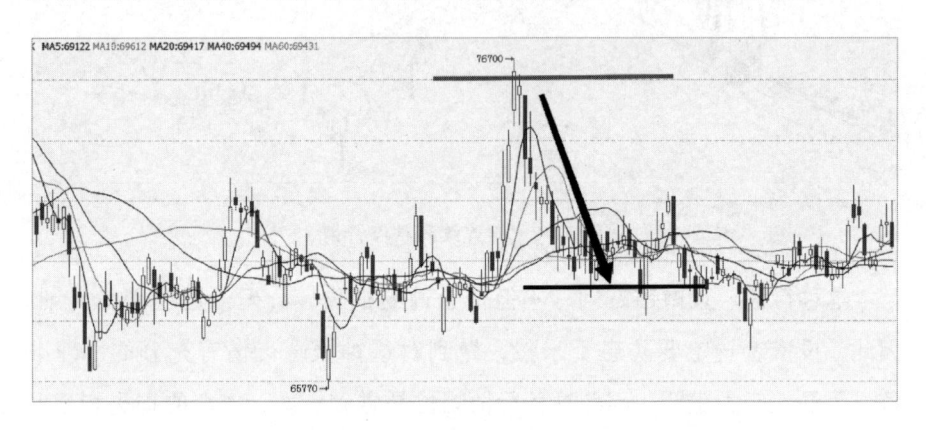

图 5-43 上海铜下跌波段走势图

这时,该企业的现货与期货方面的盈亏情况是:期货方面,该企业是盈利的,10 手空单,从 75 000 元持仓到 70 000 元的价格,总计盈利 25 万元。现货方面,该企业是亏损的,铜价从 74 500 元跌到了 69 500 元,损失 25 万元,期货的盈利与现货的亏损完全抵消,见表 5-1。如果该企业没有在期货上进行套期保值操作,那么,该企业的库存将面临 25 万元的价值损失,直接体现了套期保值所发挥的重要的对冲保值功能。

表 5-1 铜期货下跌对冲操作

| 套保品种铜 | 开仓时价格 | 平仓时价格 | 盈亏情况 |
| --- | --- | --- | --- |
| 现货 | 74 500 元 | 69 500 元 | -250 000 元 |
| 期货 | 75 000 元 | 70 000 元 | 250 000 元 |
| 套保效果 | | | 0 元 |

再看套期保值的另外一种情况。图 5-44 是一张铜的 K 线走势图,底部横线处的价位是 70 000 元,上部横线处的价位是 73 000 元。

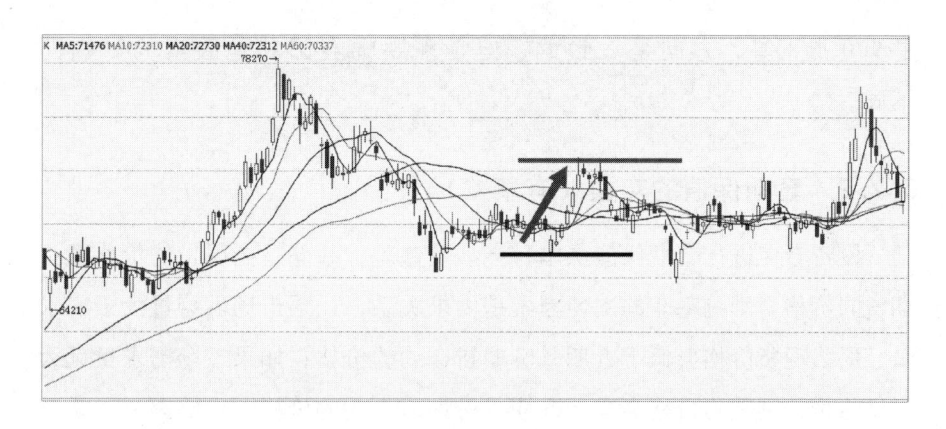

图 5-44　铜上涨波段走势图

如果现在有一家铜加工商，在铜现货价为 69 800 元的时候买进了 50 吨铜作为库存，但是认为铜价将来有可能会下跌，于是在期货市场 70 000 元的价格卖出了 10 手期货铜，但经过一段时间后，铜价不但没有下跌，反而上涨，价格升至 73 000 元附近。这时该加工商在期货市场上是亏损的，但是现货的价格随着期货价格的上升而上升，是盈利的。现货市场上的盈利对冲了期货市场上的亏损，见表 5-2。

表 5-2　铜期货上涨对冲操作

| 套保品种铜 | 开仓时价格 | 平仓时价格 | 盈亏情况 |
| --- | --- | --- | --- |
| 现货 | 69 800 元 | 72 800 元 | 150 000 |
| 期货 | 70 000 元 | 73 000 元 | −150 000 |
| 套保盈亏 |  |  | 0 元 |

从上面有关铜的两种套期保值操作可以看出，套期保值中现货和期货是互相对冲的，并不是以盈利为目的，而是对冲实物价格波动的风险。由于套保的盈亏刚好对冲，是假设现货与期货的波动价格完全相同，即是在基差不变的情况下实现的。但在实际操作中，期货的盈利与亏损和现货的盈利与亏损并不完全对等，这是由于期货价格的波动与现货价格的波动并不完全一致造成的，即实际操作中会稍有出入，但差别不会很大。比如，期货铜上涨 1 000 点，现货铜不可能刚好上涨 1 000 点，或许是 800 点，或许

是 900 点不等，方向是一致的，但是涨跌幅会因其他因素的影响而不同。

### 5.7.2　套期保值的实操（有基差）

投资者在进行套期保值操作时会涉及基差，基差是指现货的价格减去期货的价格。影响基差的主要因素是供求关系，如果市场供给量大于需求量，那么现货价格会低于近期月份期货合约的价格；如果市场需求量远大于供给量，则现货价格会高于近期月份期货合约的价格。次要因素是季节性因素，由于某些期货商品在生产和消费上存在一定的季节性变化，使得商品价格也有一定的季节性变化，这种变化会在现货市场和期货市场有不一致的表现。另一个因素是资金炒作。

因为期货的套期保值涉及期货市场和现货市场两个市场，现货市场和期货市场价格波动又不完全一致，比如某商品期货价格涨 1 000 元一吨，现货市场不可能刚好也涨 1 000 元一吨，也许只涨 800 元或者只涨 600 元一吨。正是由于两个市场涨跌幅度的不同，产生了基差的变化，进而影响套期保值的效果。

下面来看一下介入基差概念的套期保值情况。

某铜加工商在铜现货价位 69 800 元时买入 50 吨铜作为库存，但是他们认为铜价将来有可能会下跌。于是在期货市场以 70 000 元的价格卖出 10 手期货铜，经过一段时间后，铜价一路上涨，价格涨到了 73 000 元一吨，但是，现货价格涨得稍微少一点，只涨到了 72 500 元一吨。此时，现货与期货的盈亏情况见表 5-3。

表 5-3　期货亏损大于现货盈利的套期保值操作

|  | 开仓时价格 | 平仓时价格 | 盈亏情况 |
| --- | --- | --- | --- |
| 期货市场 | 70 000 元 | 73 000 元 | −150 000 元 |
| 现货市场 | 69 800 元 | 72 500 元 | 135 000 元 |
| 总盈亏 |  |  | −15 000 元 |

从数据可以看出，商家的套期保值并没有完全对冲，期货市场的亏损略大于现货市场的盈利，现货市场的涨幅比期货市场的涨幅略小，双方的涨幅不一致，导致套保后亏损1.5万元。

我们把上面的数据稍微改动一下，商家在期货市场以70 000元的价格卖出10手期货铜，经过一段时间，铜价一路上涨到73 000元一吨。50吨的现货价仍为最初的69 800元一吨，但是最后上涨到了73 500元一吨。此时，现货与期货的盈亏情况见表5-4。

表5-4 现货盈利大于期货亏损的套期保值操作

|  | 开仓时价格 | 平仓时价格 | 盈亏情况 |
|---|---|---|---|
| 期货市场 | 70 000元 | 73 000元 | −150 000元 |
| 现货市场 | 69 800元 | 73 500元 | 185 000元 |
| 总盈亏 |  |  | 35 000元 |

从表5-4中的数据可以看到，商家这次最终盈利3.5万元。同样，一个套期保值策略，因为基差变化的不同，出现了有亏有盈的两种结果，印证了基差变动对套期保值所产生的影响。

## 5.8 期货套利交易

期货的套利根据不同的市场和不同的合约时间，可以分为期现套利、跨市套利、跨品种套利和跨合约套利。其中，期现套利是指期货与现货之间的套利，一般来讲期货价格的走势和现货保持一致，但由于受供求因素的影响，期货价格和现货价格有时候存在价格的背离，这时会出现套利机会，因为价格的变化最终会由背离回归正常价差。跨市套利是指在不同的大宗商品交易市场对标的相同或者相似的产品进行套利，不同的市场会因为各种因素存在不对称，进而出现利差。跨品种套利是指对不同品种的期货合约进行套利，但是，跨品种套利通常是关联品种居多，因此，存在着某种关系的商品是跨品种套利的首选，比如豆粕和豆油。跨合约套利是指利用同种商品的不同月份合约进行套利，一般是季节性比较明显的商品，在不同的月份存在较大价差，因此，有套利机会，比如，近远月的鸡蛋价格有时会出现套利空间。

期货套利的操作方法与期货单边的操作方法不太一样，有几点必须遵守的原则，具体如下：

第一，期货套利下单时是双边下单，是在建立买仓的同时建立卖仓，不能只建买仓或者只建卖仓，是相对应的、成对的。

第二，在创建仓位时，买仓与卖仓的数量必须相等，如果多头与空头的数量不匹配，则会面临比较大的风险，失去套利的意义。

第三，多头与空头在建仓时必须是在相同的时间，因为期货交易的行情是随时波动的，如果不在相同的时间建仓，那么很可能有利的价差就变成了无利的价差，丧失套利的机会。

第四，多头与空头在实现相应的盈利目的后，必须同时平仓了结，而不是单边平仓。

投资者在进行套利交易时，主要的交易思路是：在两个合约间的价差或比价达到或接近历史极限时进行套利，价差或者比价的上限或下限，从历史角度而言都是低风险套利的安全区，风险相对较小。

当然，价差是指套利的两个合约之间价格的差距，比如豆粕2209合约的期货价格是4 200元一吨，豆粕2308合约的价格是3 400元一吨，那么，这两个合约的价差是800元，由此根据豆粕远近月的基本面进行分析后认为800元的价差目前而言是比较大的，预计后期会缩小价差，有套利机会，于是套利操作是卖出2209合约，同时买入2308合约进行操作。如果认为目前800元的价差后期还会进一步扩大，则套利操作应该是买入2209合约，同时卖出2308合约。

比价是指套利的两个合约之间价格的比值，这里以常用的油粕比值为例进行介绍。油粕比是指豆油与豆粕的价格比值，如果豆油目前的期货价格是 8 100 元一吨，豆粕的期货价格是 3 000 元一吨，油粕比就是豆油的价格除以豆粕的价格，比值是 2.7。如果你认为 2.7 的油粕比偏高了，则采用的套利策略应该是：卖空豆油，同时买入豆粕进行套利。如果你觉得在目前的基本面条件下，2.7 的油粕比还可以继续扩大，则应该买入豆油，同时卖出豆粕进行套利。

价差与比价的上限和下限一般是根据历史经验来判断，基本上是比较可靠的，但是也不是绝对的，因为新的因素会出现，环境在不断变化，有可能会打破原来的极限区，所以，还要根据当时的供求关系与基本面进行适当的分析，判断后作出套利的正确决策。

下面是期货市场中常用的一些套利组合，现举例进行说明。

**1. 豆粕、菜粕和油脂间套利**

豆粕与菜粕的主要营养成分为蛋白质，都是重要的饲料蛋白质，豆粕广泛应用在猪饲料、禽料、水产料中。菜粕主要用于水产料，因此，豆粕与菜粕之间的替代关系很紧密，二者的现货价格差在第一、二季度有走弱的趋势，但在三、四季度都有走强的趋势，这与菜粕消费季节特征较为一致，二、三季度为水产养殖的季节，豆粕与菜粕的现货价差在一、二季度容易走弱，随着菜粕消费旺季的结束，三、四季度豆粕与菜粕现货价格价差又呈现走强趋势。豆粕与菜粕现货价差的波动范围通常在 350～900 元一吨，期货价差相对于现货价差范围窄一些。当价差扩大到上限时，比如达到了 800 元到 900 元，这时可以根据情况考虑卖出豆粕，同时买入菜粕来套利。如果价差在下限，比如 400 元附近，可以考虑买入豆粕，同时卖出菜粕来套利。

豆油和豆粕同为大豆的压榨产物，豆粕主要用于饲料，豆油主要用于食用油与生物柴油，豆油与豆粕的现货比值波动范围一般在 1.5～3.5，期货价格的比值一般在 1.7～2.7。举个例子，比如油粕比达到 2.7 了，一般认为这基本是一个较大比值了，可以考虑卖出豆油，同时买入豆粕进行套利操作。如果油粕比处在低比例，比如比值是 1.5，那么这时的套利策略就应该是买入豆油,同时卖出豆粕了。

豆油、棕油、菜油三者都属于油脂类,主要用途为食用油和工业用油。从需求方面来讲,三者互为替补关系。春、冬季节是油脂消费的旺季,夏季是油脂消费的淡季。由于棕榈油的熔点较高,其需求旺季在夏季,淡季是在冬春季节。夏季棕油对菜油和豆油具有替代影响,而冬春季节豆油和菜油往往会替代棕榈油的消费,它们之间价差波动的范围大致是:期货价格波动的范围是在 $-500 \sim 2\,500$ 元,现货价差波动的范围在 $0 \sim 4\,000$ 元。其中,菜油相对棕油和豆油价差波动较大,豆油与棕油的价差波动相对较小。比如,如果豆油期货价格现在是 10 000 元一吨,同期棕油的期货价格是 8 000 元一吨,这时双方的价差很明显,价格波动到了上限,以后的走势大概率会缩小价差,因此,可以考虑卖出豆油,同时买入棕油来进行套利,盈利的机会比较大。如果豆油期货价格是 10 000 元一吨,同期棕油期货价格是 10 900 元一吨,价差有一点儿反向了,这时应考虑以后的走势应该会向正常价差靠拢,套利策略应该是买入豆油,同时卖出棕油。

以上案例采用的是历史数据,大家明白其中的道理就可以了,不能照搬照套,因为商品的外部、内部环境是在不断变化的,因此,要根据情况灵活处置。

**2. 黑色系品种间套利**

黑色系目前主要品种间的套利,包括螺卷差、螺矿比和煤焦比,分别为螺纹钢与热卷、螺纹钢与铁矿石、焦煤与焦炭的价格差异。

螺纹钢、热卷的成本及用途差异决定了二者之间存在套利空间,螺纹钢主要用于房屋、桥梁、建筑工程,热卷通常用于船舶、汽车、机械等制造行业。螺纹钢与房地产、基建相关性强,热卷通常与制造业相关性较强,当螺纹钢和热卷的基本面出现阶段性强弱差异的时候,可以做多热卷做空螺纹或者做空热卷做多螺纹钢来进行套利。

螺矿比是螺纹钢和铁矿石价格的比值,铁矿石是螺纹钢主要的生产原材料,因此,螺矿比是螺纹钢与铁矿石进行套利的一个很重要的指标。

同时，焦煤是钢厂的重要原材料，煤焦比的走势基本上与焦化行业生产利润呈现较强的正向关系，因此，可以通过做多焦炭做空焦煤或者做空焦煤做多焦炭的方式来进行套利。

## 5.9 期货交易软件的使用

对于刚进入期货市场的投资者而言，了解和熟悉交易软件是必须要掌握的知识。下面把期货交易软件常用的功能介绍给大家，以"博易大师"软件为例。

图 5-45 是期货交易软件博易大师的初始界面，总体来看共包括最左边的功能键、中间的下单区及右边的持仓区。其中功能区包含条件单、查询、银期转账、修改密码等功能。如果有哪项需求，可以进行相应选择。

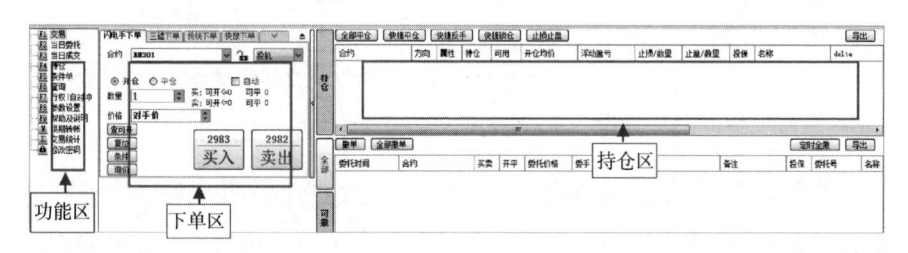

图 5-45 "博易大师"软件初始界面

比如，在期货公司开完户之后，首先要做的事是把资金转入期货市场。具体操作方式为：选择"银期转账"选项，在右侧输入绑定的银行卡卡号，输入资金密码与银行卡密码之后，再输入转账的金额，如图 5-46 所示。其中有两个转账方向：一个是期货到银行，另一个是银行到期货。银行到期货是指把资金从银行卡转入到期货市场，从期货到银行是指从期货市场出金，返回到自己的银行卡账户。

当期货账号注入资金后，就可以进行期货买卖了。看好入场点位之后，可以在交易区进行交易操作。如果做多单，单击"买入"按钮；如果做空单，单击"卖出"按钮。买入和卖出键上都有当前实时价格的显示，提示投资者当前下单是什么价格。此外，在"数量"文本框中可以输入手数，如图 5-47 所示。

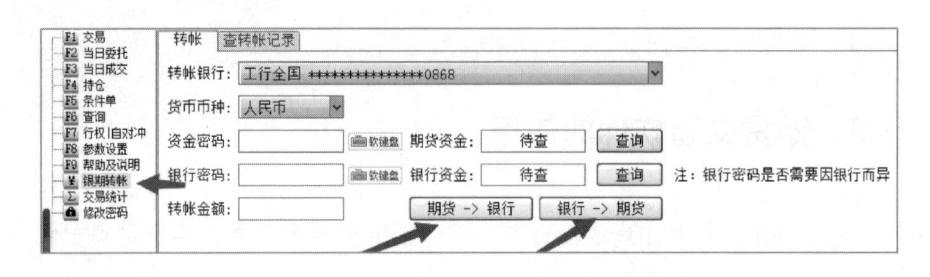

图 5-46 将资金转入期货市场信息输入

图 5-47 进行期货买卖信息输入

当买卖成功后，在持仓区会显示买卖的合约方向和持仓数量、开仓价格和实时盈亏。盈利显示为红色数字，亏损显示为绿色数字。如果要把现有的持仓进行平仓处理，最简单的方法是在"功能区"双击"持仓"按钮，也可单击"持仓"按钮，然后单击"持仓区"上方的"快捷平仓"按钮，如图 5-48 所示，完成一个完整的交易过程。

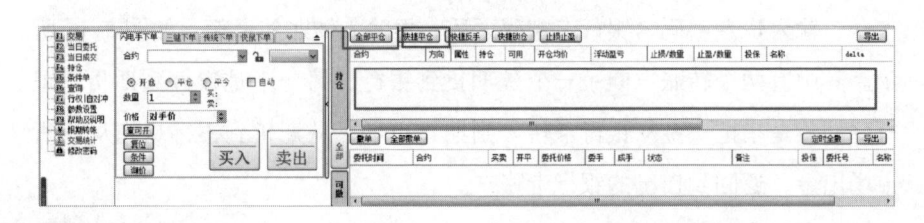

图 5-48 快捷平仓操作

# 第 6 章

# 期权浅谈

## 6.1 解读期权

期权的发展时间不长,很多投资者可能不太了解,但作为一种新兴的投资品种,未来很有发展潜力。

### 6.1.1 场内期权是什么

期权作为期货市场的新生事物,对很多投资者而言相对陌生。为了让大家更好地了解期权,在此专门用一章的篇幅来为大家介绍。其实期权在国外已经发展很多年了,国内期权在未来也必定会迎来大发展。下面通过举例来为大家介绍什么是期权。

大家都知道,买彩票一般是两元一注,即两元钱可以在彩票店买到一张彩票,这时有两种情况:第一种情况是没有中奖,彩票发行机构不会退回本金,作为投注方的你,损失的是两元钱。第二种情况是中奖,这时彩票发行机构要进行兑付,支付中奖金额给投注者。

本例中有两个主体:一个是彩票发行方,另一个是彩票购买方。其中购买方承担的最大损失是购买彩票的两元钱,享受的收益是中奖的金额;发行方的收益来自吸收购买方的彩金,损失是兑付奖金。期权买卖行为基本与此类似,期权也分为期权买方和期权卖方。其中,期权买方是指买进期权合约的一方支付一定数量的权利金后持有期权,也被称为多头,对应的是彩票投注方。买方有什么特点呢?承担的风险有限,但是有着巨大的获利潜力。期权买方在交易时最大的损失也仅限于权利金。

期权的卖方是指卖出期权合约从期权买方收取权利金,同时相应地在买方行权时承担执行义务的一方,也被称为空头,对应的是彩票的发行机构。

我们知道期货行情有涨有跌,且是双向交易。因此,期权的买入和卖出分为看涨和看跌,即买入看涨期权和买入看跌期权、卖出看涨期权和卖出看跌期权四种情况,与期货的两种情况不同。

期权按行权的时间可以分为欧式期权和美式期权。欧式期权是指期权合约的买方在合约到期日才能按行权价格决定是否行权的一种期权。美式期权是指期权合约的买方在期权合约有效期内的任何一个交易日均可按行权价格决定是否行权的期权。它们看似复杂,实则用一句话即可概括:美式期权,可以随时行权;欧式期权必须要合约到期日才能行权。因此,美式期权比欧式期权更加灵活。

另外,期权还有一种分类方法,就是按行权的价格与标的的市价关系进行分类,可分为实值期权、平值期权和虚值期权。实值期权是指买方立即行权会获利的期权,比如豆粕的价格3 000元一吨,行权价格为2 950元一吨的看涨期权,就是实值期权;行权价格为3 050的看跌期权,也是实值期权。平值期权是指买方立即行权会不盈不亏的期权,即期货价格与行权价格几乎相等,比如豆粕的价格为3 000元一吨,那么行权价格也是3 000元一吨的看涨和看跌期权都被称为平值期权。当然,在实际操作中,两者价格不可能完全相等,会有一点点差距。买方立即行权会亏损的期权,被称为虚值弃权。比如豆粕期货价格3 000元一吨,行权价3 100元的看涨期权是虚值期权,行权价格为2 900元的看跌期权也是虚值期权。如果豆粕的期货价格为3 000元一吨,行权价格为3 600元一吨的看涨期权,就是深度虚值期权,因为市场价格与行权价格的差距比较大。下面结合实例为大家理清思路。

**例1:买入期权**

图6-1是豆粕期权的报价,左侧是买入价格,右侧是卖出价格,也被称为沽。选定要买入期权的合约的月份,比如2209合约,目前期货价格是3 870元,以3 850元的行权价格买入看涨期权,即图中长线的价位。由于目前期货价格是3 870元,买入的价格是3 850元,如果立即行权,是可以获利的,意味着我们买入的是一个实值期权。如果买入行权价为3 950元的看涨

期权，即图中短线的价位，而现在豆粕期货价格是 3 870 元，如果立即行权则会亏损，所以，行权价为 3 950 元的看涨期权就是一个虚值期权。

信息　合约选择: 豆粕　2209(38天)　标的: m2209 最新: 3870　涨跌: 65　幅度%:1.71　成交量: 499088　持仓量:

| 涨跌 | 内在价值 | 期权理论价值 | 时间价值 | 最新 | 购<行权价格>沽 | 最新 | 时间价值 | 期权理论价值 | 内在价值 |
|---|---|---|---|---|---|---|---|---|---|
| 2.0 | — | 0.6780 | 3.0 | 3.0 | 4750 | — | 66.5 | 878.4777 | 880.0 |
| 2.0 | — | 1.0017 | 3.5 | 3.5 | 4700 | — | 67.0 | 828.9265 | 830.0 |
| 1.5 | — | 1.4649 | 4.0 | 4.0 | 4650 | — | 67.5 | 779.5146 | 780.0 |
| 1.5 | — | 2.1198 | 4.5 | 4.5 | 4600 | — | 68.0 | 730.2946 | 730.0 |
| 1.0 | — | 3.0347 | 5.5 | 5.5 | 4550 | — | 69.0 | 681.3345 | 680.0 |
| 1.5 | — | 4.2970 | 7.5 | 7.5 | 4500 | — | 70.5 | 632.7218 | 630.0 |
| 0.0 | — | 6.0168 | 8.0 | 8.0 | 4450 | 596.0 | 16.0 | 584.5666 | 580.0 |
| -0.5 | — | 8.3296 | 10.0 | 10.0 | 4400 | — | 75.0 | 537.0044 | 530.0 |
| -1.5 | — | 11.3989 | 12.5 | 12.5 | 4350 | 510.0 | 30.0 | 490.1987 | 480.0 |
| -2.5 | — | 15.4172 | 15.5 | 15.5 | 4300 | 434.0 | 4.0 | 444.3421 | 430.0 |
| -4.0 | — | 20.6058 | 19.0 | 19.0 | 4250 | 416.0 | 36.0 | 399.6557 | 380.0 |
| -4.0 | — | 27.2117 | 25.0 | 25.0 | 4200 | 362.0 | 32.0 | 356.3866 | 330.0 |
| -5.0 | — | 35.5027 | 32.0 | 32.0 | 4150 | 340.0 | 60.0 | 314.8026 | 280.0 |
| -5.0 | — | 45.7587 | 41.0 | 41.0 | 4100 | 275.5 | 45.5 | 275.1836 | 230.0 |
| -4.0 | — | 58.2606 | 53.0 | 53.0 | 4050 | 232.0 | 52.0 | 237.8106 | 180.0 |
| -1.0 | — | 73.2770 | 69.5 | 69.5 | 4000 | 197.0 | 67.0 | 202.9520 | 130.0 |
| 2.5 | — | 91.0483 | 88.0 | 88.0 | 3950 | 167.0 | 87.0 | 170.8483 | 80.0 |
| 6.5 | — | 111.7720 | 110.0 | 110.0 | 3900 | 140.0 | 110.0 | 141.6970 | 30.0 |
| 12.5 | 20.0 | 135.5863 | 116.0 | 136.0 | 3850 | 115.0 | 115.0 | 115.6363 | — |
| 18.0 | 70.0 | 162.5582 | 94.5 | 164.5 | 3800 | 94.0 | 94.0 | 92.7333 | — |
| 25.5 | 120.0 | 192.6779 | 77.5 | 197.5 | 3750 | 77.5 | 77.5 | 72.9779 | — |
| 32.5 | 170.0 | 225.8528 | 63.0 | 233.0 | 3700 | 64.0 | 64.0 | 56.2779 | — |

图 6-1　买入豆粕期权

**例 2：卖出期权**

图 6-2 是要卖出期权，即认沽，而不是认购。还是 2209 合约，目前豆粕期货价格仍为 3 870 元。如果要卖出行权价为 3 800 元的豆粕看跌期权，即图中椭圆标识的价位，则为实值期权；如果要卖出行权价为 3 900 元的看涨期权，即图中划线处的价位，则为虚值期权。

信息　合约选择: 豆粕　2209(38天)　标的: m2209 最新: 3870　涨跌: 65　幅度%:1.71　成交量: 499088　持仓量:

| 涨跌 | 内在价值 | 期权理论价值 | 时间价值 | 最新 | 购<行权价格>沽 | 最新 | 时间价值 | 期权理论价值 | 内在价值 |
|---|---|---|---|---|---|---|---|---|---|
| 2.0 | — | 0.6780 | 3.0 | 3.0 | 4750 | — | 66.5 | 878.4777 | 880.0 |
| 2.0 | — | 1.0017 | 3.5 | 3.5 | 4700 | — | 67.0 | 828.9265 | 830.0 |
| 1.5 | — | 1.4649 | 4.0 | 4.0 | 4650 | — | 67.5 | 779.5146 | 780.0 |
| 1.5 | — | 2.1198 | 4.5 | 4.5 | 4600 | — | 68.0 | 730.2946 | 730.0 |
| 1.0 | — | 3.0347 | 5.5 | 5.5 | 4550 | — | 69.0 | 681.3345 | 680.0 |
| 1.5 | — | 4.2970 | 7.5 | 7.5 | 4500 | — | 70.5 | 632.7218 | 630.0 |
| 0.0 | — | 6.0168 | 8.0 | 8.0 | 4450 | 596.0 | 16.0 | 584.5666 | 580.0 |
| -0.5 | — | 8.3296 | 10.0 | 10.0 | 4400 | — | 75.0 | 537.0044 | 530.0 |
| -1.5 | — | 11.3989 | 12.5 | 12.5 | 4350 | 510.0 | 30.0 | 490.1987 | 480.0 |
| -2.5 | — | 15.4172 | 15.5 | 15.5 | 4300 | 434.0 | 4.0 | 444.3421 | 430.0 |
| -4.0 | — | 20.6058 | 19.0 | 19.0 | 4250 | 416.0 | 36.0 | 399.6557 | 380.0 |
| -4.0 | — | 27.2117 | 25.0 | 25.0 | 4200 | 362.0 | 32.0 | 356.3866 | 330.0 |
| -5.0 | — | 35.5027 | 32.0 | 32.0 | 4150 | 340.0 | 60.0 | 314.8026 | 280.0 |
| -5.0 | — | 45.7587 | 41.0 | 41.0 | 4100 | 275.5 | 45.5 | 275.1836 | 230.0 |
| -4.0 | — | 58.2606 | 53.0 | 53.0 | 4050 | 232.0 | 52.0 | 237.8106 | 180.0 |
| -1.0 | — | 73.2770 | 69.5 | 69.5 | 4000 | 197.0 | 67.0 | 202.9520 | 130.0 |
| 2.5 | — | 91.0483 | 88.0 | 88.0 | 3950 | 167.0 | 87.0 | 170.8483 | 80.0 |
| 6.5 | — | 111.7720 | 110.0 | 110.0 | 3900 | 140.0 | 110.0 | 141.6970 | 30.0 |
| 12.5 | 20.0 | 135.5863 | 116.0 | 136.0 | 3850 | 115.0 | 115.0 | 115.6363 | — |
| 18.0 | 70.0 | 162.5582 | 94.5 | 164.5 | 3800 | 94.0 | 94.0 | 92.7333 | — |

图 6-2　卖出豆粕期权

## 6.1.2　场内期权的常用操作

在期权交易中，C 表示看涨期权，P 表示看跌期权。期权的操作一般分为下面几种。

**1. 买进看涨期权**

买入看涨期权是指投资者在支付一笔权利金后，可以享受买入或不买入相关期货的权利。一旦价格上涨，可以执行看涨期权，以低价获得期货的多头，然后按上涨的价格高价卖出期货合约，获得差价利润。或者在权利金价格上涨的时候，直接卖出期权平仓，获得权利金收入。大家可以发现，买进看涨期权有两种获利方式，第一种是获得期货多头头寸，第二种是直接卖出平仓获得权利金收入。但如果价格一路下跌，买方继续持有，最大的损失是权利金的损失。

买入看涨期权的策略：如果投资者预测期货价格会缓慢抬升，那么可以买一个稍微实值的看涨期权。如果投资者预测期货价格会有非常大的变动，那么可以买入一个稍微虚值的看涨期权。如果投资者坚信期货价格在短期内会有大的变动，那么可以考虑买入一个深度虚值的看涨期权，当然，这种操作风险较大。

**2. 卖出看涨期权**

卖出看涨期权可以获得权利金收入，如果期货的价格低于行权价格，则买方不会执行，卖方可以获得全部的权利金；如果期货价格在行权价格之上，卖方将面临期货价格上涨的风险。卖出看涨期权一般是认定期货价格不会有很大的变动，即使市场价格小幅上涨小于权利金收入时，也可以获利。

**3. 买进看跌期权**

买进看跌期权是以一定的行权价格支付一定的权利金，获得看跌期权的投资。如果价格高于行权价格，可以放弃期权，买方最大的损失是权利金。如果价格下跌，购买方可以较高的期货价格卖出，只要价格一直下跌就可以获利。一般买入看跌期权是分析市场价格下跌的可能性较大，才会支付权利金。

**4. 卖出看跌期权**

卖出看跌期权，一般是认定期货价格已经见底，而且坚信之后的市场大概率会往上涨。可以卖出看跌期权收取权利金，或者即使价格下跌，只要幅度比较小，也不足以亏损全部数额的权利金。但是如果市场判断失误，市场价格大幅下跌，期权的买方会行权，卖方会因买进的期货合约遭受比较大的损失，大于收取的权利金，卖方会以亏损结束交易。

**5. 期权的行权**

期权的行权是指买方按规定行使权利，以行权价格买入或卖出标的物。期权的行权局限于期权的买方，看涨期权的买方按照行权价格获得期货多头持仓，卖方按同一行权价格获得期货空头持仓。看跌期权行权是期权买方按行权价格获得期货空头持仓，卖方按同一行权价格获得期货多头持仓。

## 6.1.3 场外期权

场外期权是在交易所以外的地方进行交易的期权。它是根据客户的需求设计，更加个性化，也更加灵活，虽然没有统一的挂牌和指令规则，但在交易量、交易额上占据明显的优势。场外期权作为一种强大的投资工具，能为投资者带来诸多好处，但它的交易风险也必然存在，主要看投资者如何正确使用。

场外期权具备彩票的属性，可以以小博大，发挥强大的杠杆效果。期权买方通过付出期权费的形式享有了未来以某种价格买卖标的资产的权利，只是拥有权利而没有义务，若未来标的资产的价格不符合预期，仅以期权费承担有限损失。

相对场内期权，场外期权交易的标的范围更广，包括股指、个股、主流指数、大宗商品的不同品种，同时定制化程度更高，可选择的结构更加灵活多样。下面是场外期权的要素：

约定标的物：可以是股票、大宗商品、股指等。

执行价格：约定买卖标的产品的价格，即行权价。

交易结构：实值、虚值、平值看涨。

期权费：买方支付给期权卖方的费用，即权利金。

期限：期权的时间长短，一般不低于30天。

名义本金：期权合约对应的资金规模。

场外期权对个人投资者的优点如下：

一是在于降低资金成本，提高资金使用率。杠杆性是期权吸引投资者的一个重要因素，投资者只要付出少量的权利金，就能分享标的资产价格变动带来的收益。

二是收益的无限性。投资者缴纳一定比例的期权费，可以拥有零至几十倍市值的股票在一定期限内的收益权。

三是亏损有限。场外期权实现了最大亏损的锁定，扛单亏损与投资者无关，最大亏损是期权的保证金，没有扛单压力。

四是买卖灵活。对熟悉的股票，投资者在大行情发动前可随时入场买进，当盈利达到目标价位，在合约期限内随时卖掉，可选择的空间很大。

2017年是场外期权市场的元年，无论是股票场外期权还是期货场外期权，都取得了较大的发展。2018年取得了更为辉煌的成绩。场外期权的发展为期货行业从传统的经纪业务升级提供了一条新路子，为具有深厚产业研究基础的期货公司带来了不少的利润。

## 6.1.4 期权的套期保值案例

期权与期货一样也有套期保值的功能，根据实现保值的场所可以是场内保值也可以是场外保值，下面举例说明。

**例1：场内套期保值案例**（场内套期保值是在交易所进行买卖达到对冲效果）

在某年的 10 月，某进口商买进明年 6 月的某品种，中国到港价格为 350 美元一吨，当年六月的期货价格为 360 美元一吨。为防止商品价格下跌，进口商买进该商品六月的品种合约，330 美元/吨看跌期权，权利金为 4 美元一吨，即到明年 5 月 15 日期权到期日为止的时间内，只要 6 月份价格下跌到 330 美元一吨，可减少其损失。第二年 5 月 10 日期货价格为 310 美元一吨，现货报价 305 美元一吨，六月行权价格为 330 美元一吨，看跌期权已经升值到 32 美元一吨。综合分析，尽管进口商现货损失 45 美元一吨［350－305＝45（元）］，但买进的看跌期权盈利为 28 美元［32－4＝28（元）］。两者对冲，经济损失只有 17 美元一吨。如果不进行风险管理，现货直接损失 45 美元一吨，差别显而易见。

在本例中，进口商一开始买进的是虚值期权，权利金成本低，在期货价格由 360 美元一吨跌到 330 美元一吨之后变成实值期权，跌到 310 美元一吨的时候，内在价值为 20 美元一吨。

**例 2：场外套期保值案例**（通过同场外企业和机构签订协议来完成风险对冲）

某农场预计销售 5 000 吨黄豆，当时黄豆市场价格为 3 800 元一吨，企业担忧大豆的价格下跌造成销售利润减少，于是当日通过某期货公司风险子公司买入 1 000 份行权价为 3 600 元/吨的看跌期权，挂钩黄豆一号 2205 年期期货合约，锁定最低销售成本。后期如果黄豆价格跌破 3 600 元一吨，企业即可行使卖方权利，不管市场价格多低，每吨黄豆都可以 3 600 元一吨进行销售。大豆期货于 1 月 10 日下跌到 3 540 元一吨，企业认定为已达到目标价位，因此选择提前平仓，这时，低于 3 600 元的价格损失由期货公司风险子公司补回，该农场相当于在最低销售成本 3 600 元卖出大豆。假如黄豆价格上涨，看跌期权虽然不具备行权的价值，但是大豆市场价格的上涨代表销售利润增加，反而增加了企业的盈利空间，该企业利用场外期权有效降低了黄豆价格变化带来的不利，获得了较为稳定的收益。可见，在变化的市场环境下，企业有必要腾出更多的空间，专注于提升技术实力和资金自身的竞争力。

## 6.2 期权的影响因素

期权的影响因素主要有三个：内在价值、时间价值和波动率。

在进行期权交易时，买方要支付一定的权利金，这个权利金也被称为保险金，是买方所承担的最大损失。它是由内在价值和时间价值构成的，其中内在价值是指立即履行期权合约可获取的利润。因此，只有实值期权才具有内在价值，平值期权和虚值期权都没有内在价值。比如，豆粕的价格是 3 870 元，投资者买入了执行价格为 3 850 元的看涨期权，这个看涨期权就是实值期权，如果立即行权，有 20 元的利润，它就是这个期权的内在价值（20 元）。时间价值是指权利金扣除内在价值后所剩余的部分。一般而言，期权剩余的有效日期越长，其时间价值就越大，因为期权的有效期越长，对于期权的买方来说，获利的可能性就越大，当期权越是临近到期日，时间价值衰减的速度越会加快，这是期权时间价值大小变化的最根本原因。时间价值最大的期权是平值期权，因为平值期权方向难以确定，投机性最强，相应的时间价值也最大。相反，如果是虚值期权，虚值程度越深，意味着转为实值的可能性就越小，投机价值也会变小。

投资者在进行期权交易的时候往往会发现一个问题：期货价格的变化与期权的权利金变化不同，因为影响期货价格的是价格变动，而影响期权价格最重要的因素是波动率，俗称恐慌指数。它是指金融资产价格的波动程度，波动率越高，金融资产价格的波动越剧烈，收益率的不确定性越强，期权的理论价格就越高。波动率的涨跌与市场的急涨急跌是相关的。大家可以通过观察对比发现：行情出现急涨急跌的时候，波动率会顺势上升，而在一些盘整的行情，波动率是相对平稳的。期权的暴利时刻就是波动率大的时候。

## 6.3 期权交易的优点

期权交易与期货交易相比，具备一些期货交易没有的优点。

一是交易资金上的优势。根据交易所的规定，期货买卖双方都要交纳一定的保证金，而期权交易不需要交纳保证金，只需要支付权利金，而且，期权的权利金要比期货的保证金少很多。比如一手期货合约为 30 000 元，保证金为 10%，3 000 元可以买一手期货合约，但是如果进行期权交易，权利金就可能只有 300 元，3 000 元的保证金相当于可以买 10 手期权合约，是期货交易的 1/10。

二是风险有限、盈利巨大的优势。在期货交易中，期货交易方承担的价格风险是巨大的；在期权交易中，期权买方的亏损是有限的，不会超过权利金，而盈利可能是巨大的，这是期权交易另一个显著的优势。

第 7 章

# 期货答疑

## 7.1 我是否适合做期货交易

期货市场是有无穷吸引力的,挣钱速度快,极大地满足了投资者的投资热情,让人为之投入,为之疯狂,源源不断地吸收了大量的投资者。

于是,很多交易者纷纷加入进来,成为市场中的一员来回博弈。有收获惊喜的,也有收获失落的。但这个市场有一个冰冷的事实:能赚到钱的投资者寥寥无几,而且这个事实不会改变,现在是这样,以后还会是这样。有很多投资者都是满怀希望来到这个市场,想满载而归,但进入市场后却倍受打击、屡屡出错,看到自己的本金一天天在减少,不服气,但又无力回天。当然,在期货市场里战斗的都是有勇气的人,有一句话叫失败是成功之母,一两次失败不能说明什么,有不少投资者在遭受失败的打击后去找各种书籍学习,去参加投资交流培训课,觉得比以前长进了,然后再注入本金,继续战斗,想闯出一条康庄大道来,结果是绝大多数的投资者又毫无悬念地败下阵来,信心再受打击,有的选择永远离开这个市场,有的选择暂时离开。

以上的心路历程不是少数人的感受,而是绝大多数进入期货市场的人的共同感受。在被市场"虐"了无数遍后很多人都会这样问自己:这个市场适合我吗?我适合做交易吗?开始自我怀疑、自我否定。

而要回答这样的问题,首先就要认清楚期货市场是一个什么样的市场。期货市场不像股票市场,期货市场不会产生新的资金,是一场多空的斗争,空头盈利 100 万元,就意味着多头要亏损 100 万元,加之交易所还要扣除一部分交易手续费,所以,这个市场其实是个非常残酷的"战场",只有输赢,没有第三个选项。同时,这个市场里潜伏着行业巨头、知名私募、期货资深炒家等,个个都是身经百战的行家,可想而知这个市场的激烈程度。如果你是一个刚进入期货市场的新人,那么大概率会亏钱,因为期货市场真的远比我们想象的要复杂和残酷。

期货相对于交易人而言是一个无比强大的敌人，多数交易者会在期货市场栽跟头，多数人会丧失信心等都是很正常的事，所以，进入这个市场，不管结果如何，都不要问自己适不适合做交易或这个市场是否欢迎你，而是要问自己还有没有信心坚持下去，因为没有谁一开始就适合做交易。有许多交易名家、优秀交易员，包括很多成功交易员都有爆仓的经历，他们都失落过、迷茫过，但无疑最后都坚持了下来，并做到了慢慢成长。

因此，进入这个市场后，不要自我怀疑，不要自我否定，只有慢慢沉淀，经过市场的多次洗礼，才能凤凰涅槃，浴火重生。要始终记住这样一句话：选择去看最美的风景，就要去走最险峻的山路。

## 7.2　成为一个期货交易员需要多久

很多投资者在做期货的时候都渴望能够在这个市场上获取成功，但经过市场一段时间的磨炼后发现赚钱并不那么容易，亏损居多，备受打击，但又不甘心放弃，年复一年的坚持也并没有获得本质的提升，于是很多投资者都发出这样的疑问：期货市场到底要多久才能"毕业"？

作为一个过来人，自入行以来，在这个市场上形形色色的人也见了不少，但能够坚持到最后取得成功的真的只是极少数。这些极少数人，在进入这个市场的初期，都经历了市场的各种洗礼。比如，他们首先扛住了所有的挫折，接下来是对期货交易的深度探索，改进自己的交易方法，一万小时理论在这里是少不了的。这个市场里有无数种交易的方法，但是没有人能告诉你哪一种交易方法是准确的、是最好的，只有靠自己去摸索。当然，期货市场存在一定的运气成分。为什么？因为探索的过程像是走迷宫，有很多条路，有一些道路是可以通向终点的，有一些道路却是死胡同，但在过程中没有人会告诉你哪一条路是正确的，哪一条路是死胡同，运气特别好的人，会在开始时就选择了通向终点的路。只要坚持下去，就会走向成功。如果当初选择了通向死胡同的路，则会四处碰壁。当他们发现走不通时，再回过头来选择另一条路，就会浪费大量的时间和精力，即我们所说的方向不对，努力白费。如果折腾几次都没有成功，那么很可能就会彻底丧失信心，离开这个市场，毕竟人的精力与时间都有限。所以，能不能在期货市场"毕业"，首要问题是选择的方向要正确，要保证自己是走在一条正确的道路上。

在确定了方向和道路后，接下来就要熟悉期货的规则，熟练看懂期货的K线走势与趋势，以及与自己的交易方法相匹配的关键知识，比如均线、波浪图等，把你所学到的知识反复运用到交易中去验证，一定要与实践相结合，在实践中慢慢磨炼自己的交易方法。当然，这是一个漫长而痛苦的过程，通常要经过很长的时间才能拨云见日，找到期货交易中盈利的密码。从时间来看，短则五六年，长则十余年，都是很正常的。所以，要想成为一名优秀的交易者，必须做好长期奋斗的思想准备，在无数次的交易中锻炼，同时还要善于分析与总结，每天进步一点点，才能水到渠成。

## 7.3　短线交易好还是长线交易好

在期货交易中，有很多朋友常会问这样一个问题：短线交易好还是长线交易好？回答这个问题之前，先了解一下短线交易和长线交易各自的特点。

短线交易，顾名思义，持仓时间比较短，捕捉日内小的波段，每次的盈利肯定也较小，是通过多次小的盈利叠加变成大的盈利，要求有比较高的胜率。比如，十次交易中有七到八次是盈利的，只有一到两次是亏损的，只有这样足够高的胜率才能使账户盈利。短线交易有一个问题：频繁的交易会产生较多的手续费，较多的手续费会冲减部分盈利。从这些方面可以看出，短线交易的技巧性要求相当高，毕竟短时间内行情的波动规律性把握起来会更加困难，判断失误的概率更大。因此，短线交易难度更大。当然，市场上也有短线交易做得很好的高手，用十几万元的资金，一年内创造了十倍的收益，但这种方法很难复制。

长线交易是指持仓时间较长，以波段盈利为目的的交易。长线交易的特点是忽略日内的小幅波动，设定盈利目标和止损位置，实现一个较大目标的交易计划。要进行长线交易，就要有较多的资金或者比较低的持仓，因为长线持仓必须要有足够的空间来承受市场的波动，否则没有办法长期持有。

同时，长线交易会遇到一个问题，即交易计划是预想的交易目标，但却不知道市场价格的波动是否与我们预想的目标一致。比如，我们的交易计划预计盈利1 000个点，现在已经盈利了500个点，那到底要不要继续坚持呢？如果行情继续与我们预想的一致，那我们很可能会赚到1 000个点，如果行情回调，向相反的方向运行，则之前的盈利不但可能会消失，坚持到最后还可能会亏损。因此，如何抉择是需要智慧与勇气的。

通过上述分析可以看出，短线交易和长线交易各有其优缺点，其中短线交易讲究的是及时平仓，及时获利，风险较小，但盈利也较小，行情的趋势性和规律性相较长期更难以把握，交易成本偏高，但是时间效率很高，可能在一个交易周期之内已经实现了多轮次的盈利，对资金量的要求也不高，比较适合交易本金不高且有足够交易时间的投资者。长线交易则更讲究交易的计划性，追求交易目标，对资金的门槛和风险的承受能力要求比较高，交易成本相对偏低，时间效率也比较低，在较长的交易周期内只周转一次，如果实现交易目标，那么盈利是相当可观的，但如果止损离场，那么就会导致时间和金钱的双重损失。

权衡这两种交易方式，不能片面地说哪一种交易方式好，哪一种交易方式不好，而是要根据投资者的资金情况及风险偏好，再结合自己的交易方法，经实战对比后进行综合选择。

## 7.4　散户能在期货交易中赚钱吗

很多投资者会发出这样的疑问：期货市场是资金博弈的市场，哪一方的资金多，哪一方说了算，自己作为一个小散户，能否在期货交易中赚钱？在期货交易中获利的可能性有多大？为什么自己所接触到的散户基本上没见过成功的案例？

期货市场是一个很专业的市场，在这个市场里，具有分析和研判能力的肯定是那些资深机构，这是他们的优势。作为散户投资者，如果没有长期的交易经验，则很难与这些机构抗衡——个人很难与组织对抗，这是一个先天性的差距。很多散户投资者都是凭借着一腔热情和赚钱的冲动，投身于这个市场的，结果也大都是亏损。再者，从资金来讲，机构与产业资本相对而言实力还是比较雄厚，可以相对容易地形成资金优势，影响某个品种的走向，这一点、散户投资者很难做到。从以上两点可以看出，散户的缺陷是很明显的，给我们一个印象就是散户在这个市场上很难盈利。

那这是不是说散户真的就很难盈利呢？其实也不绝对。在期货市场中，也有一部分的散户投资者凭借经验和高超的操作技巧实现了盈利，有的甚至还在短时间内获得了不错的利润。

所以，期货交易的成功与否，其实与资金量大小并没有直接关系，与是不是散户也没有必然的联系，和判断与操作技巧关系密切。虽然机构与产业在期货市场上无论从分析还是从资金的调配都具有巨大的优势，但是小资金也并非没有获胜的概率。如果把大机构与主力资金比作一艘巨轮，那么小资金就是小鱼小虾。而小鱼小虾只要跟着这艘巨轮的方向前进，就会盈利。期货讲究的是方向正确，散户没有能力把握方向，但是可以跟随方向。大资金从进场到拉升再到下跌，虽然不会公之于众，但只要细心观察，就必然会找出规律。世界上没有绝对强大的东西，再强大的事物都会有其短板与弱点，而这些弱点就是散户资金的机遇，一旦踏中节拍，就相当于让主力资金带散户一起赚钱，这种感觉是很美妙的。

可见，散户在市场上也是可以赚到钱的，根据二八定律，能赚钱的人只是少数。不过这也表明，作为一名散户投资者，只要有信心和决心在这个市场上奋斗，在积攒到足够多的经验，成为一名专业的散户后，也是很有前途的。

## 7.5　为什么盈利少、亏损多

有很多投资者在交易时，常会有这样一个疑问：为什么自己总是盈利少、亏损多？

交易中的盈少亏多其实是一个非常普遍的现象，造成这种局面最主要的是定位的问题，即本次交易是要定位成短线盈利，还是中长线赚取波段？很多投资者在下单时没有做任何战略分析。下单之后，如果账户是盈利的，就还想赚取更多，于是就继续持有。而行情是波动的，过了一段时间之后，或许盈利就消失了，变成了亏损，再过一段时间，亏损面继续扩大。这时投资者心态有点儿承受不住了，最后还是不情愿平仓，让原本盈利的交易变成了亏损的交易。反之，如果下单之后是亏损，并且行情一直都是反向运行，越亏越大，投资者肯定是在承受点附近止损出局了。再有一种情况是下单之后是亏损的，而且行情是反向运行，当投资者止损出局之后，行情又发生了反弹，这是投资者最痛苦的事情，本能赚钱的单子提前止损。

从这几种情况可以得出结论：造成亏损的原因是投资者平仓的时机没有把握好，出局的时机又与当初对这笔交易的预期没有设定好有关。

如果投资者在做交易之前有一个思路，如这笔交易的定位是短线盈利平仓了结，下单之后，账户出现了略微的盈利，达到了交易目的，就及时平仓退出，而不是任凭贪念的驱使，继续持有，结果行情反转，把盈利吞噬，反而变成亏损。如这笔交易是一个长线的思路规划，有一个比较大的盈利目标，同时，设置好了一个比较宽的止损空间，资金风险都可控，就不会因为行情小范围回撤就承受不了而平仓出局。一旦交易之前有交易规划，就不容易出现在交易的时候再等一等或再拖一拖的情况，能做到进退有度。

当然，交易盈利少亏损多，还与交易的胜率有直接的联系，比如，自己十次交易里有七次都是错的，最后的结果大概率是盈利少亏损多，这与交易时的情绪没有太大关系。这是交易能力的问题。因此，交易者在交易市场不断积累交易经验，具备一定的交易水平后才能提高交易的胜率，下单的位置也才能够精准（下单的精准度是体现水平高低的终极指标）。谁能在阶段性的行情里面找到最低点与最高点，就是绝顶的高手。如果误差太大，最后的结果就是被迫止损出局。总之，要做到期货交易盈利多，亏损少，就要提高自己的交易能力，做好交易前的规划，然后在交易中严格执行，千万不能拖，不能等，不能有侥幸心理。

## 7.6　为什么下单总是错的

很多交易者在操作过程中经常碰到一个疑惑：自己下单之后经常是错的，理论上，多单和空单各有50%的机会，为什么轮到自己做交易时胜率就这么低呢？是交易水平的原因，还是运气的原因？是被别人盯上了吗？

在期货交易中有两个方向，一个是做多，一个是做空，很多人便理解成了赌大小，胜负概率各占50%。从表面上来看，这个结论没有问题，但是如果深入到交易中去理解，就会发现完全不是这么回事儿。下面举例说明原因。

如图 7-1 所示，做多单想要抓住接下来的一轮上涨行情。大家可以看到，真正正确的点位只有三个，即标记小旗子的三个点位，如果在标记问号的三个位置下单，很容易被清洗出局。从分时图的路线占比和所经历的时间来判断，分时图运行在正确位置上的时间相对比较短，比例要远低于50%，甚至 10% 都不到，如果相同时间内交易人数大致相同，那么，大部分人进入交易所持仓的时间都会有较大偏差，甚至位置差很远。

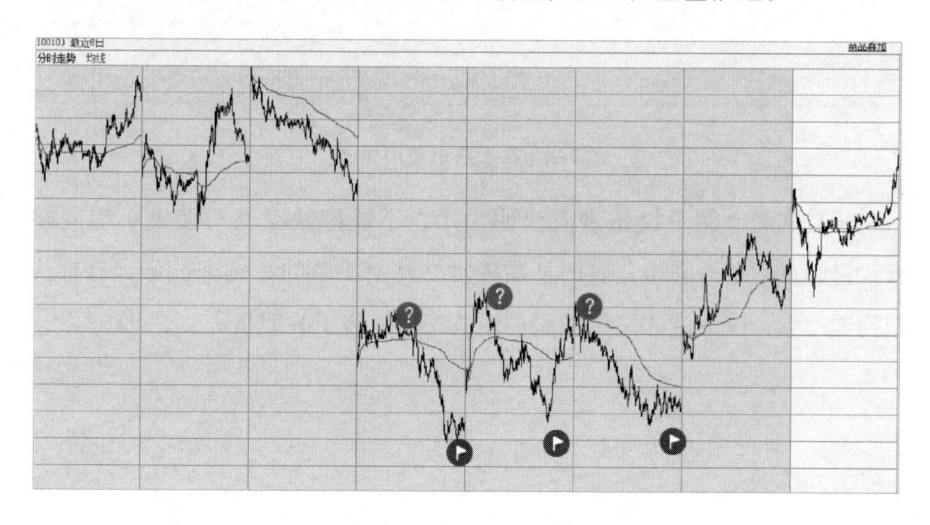

图 7-1　在上涨趋势中做多

如图 7-2 所示，如果想做多单，那么只有图中标记小旗子的区域附近是唯一正确的下单位置，在除此之外的任何一个打问号的标记处下了多单，都有可能被清洗出局。按照分时图经历的时间分析：这一轮下跌行情用了三个交易日的时间（图中的两条竖线的间隔代表一个交易日）。如果不算夜盘，一个交易日的交易时间有 4 个小时，那么，三个交易日就是 12 个小时，由此推出行情在小旗子标注处的附近所逗留的时间最多不超过半个小时。假设交易的买卖是均匀的，这半个小时多单的比例能占多少呢？会超过 50% 吗？显然不会。所以，在交易中下错单是一件很正常的事情，下对单才是意外。

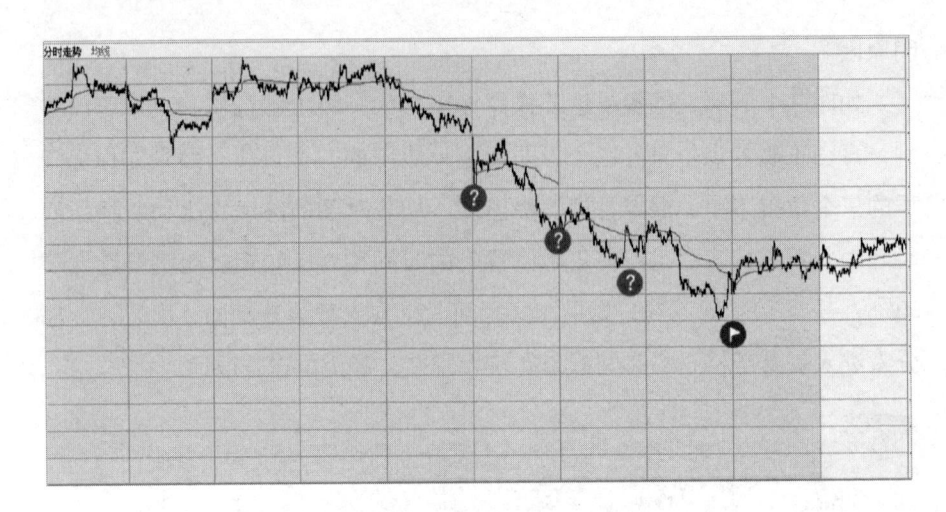

图 7-2　在下跌趋势中做多

　　通过这两个例子投资者应该明白了，不能把做交易与赌大小等同起来，它们真不是一回事儿。而且在期货交易中下单的正确率很低，只有认识到这一点，投资者才能更加深刻地认识期货和了解期货。